U0513342

文化遗产蓝皮书

BLUE BOOK OF
CULTURAL HERITAGE

中国文化遗产事业发展报告
（2017~2018）

ANNUAL REPORT ON THE DEVELOPMENT OF CHINA'S
CULTURAL HERITAGE MANAGEMENT SYSTEM
(2017-2018)

主　编／苏　杨　张颖岚
副主编／白海峰　王　茜　蒋　凡

社会科学文献出版社
SOCIAL SCIENCES ACADEMIC PRESS（CHINA）

图书在版编目（CIP）数据

中国文化遗产事业发展报告. 2017－2018／苏杨，张颖岚主编 . －－北京：社会科学文献出版社，2018. 12
（文化遗产蓝皮书）
ISBN 978 － 7 － 5201 － 4141 － 3

Ⅰ. ①中… Ⅱ. ①苏… ②张… Ⅲ. ①文化遗产 － 研究报告 － 中国 － 2017 － 2018 Ⅳ. ①K203

中国版本图书馆 CIP 数据核字（2018）第 292824 号

文化遗产蓝皮书
中国文化遗产事业发展报告（2017 ~2018）

主 编／苏 杨 张颖岚
副 主 编／白海峰 王 茜 蒋 凡

出 版 人／谢寿光
项目统筹／韩莹莹 宋月华
责任编辑／范 迎

出 版／社会科学文献出版社·人文分社（010）59367215
地址：北京市北三环中路甲 29 号院华龙大厦 邮编：100029
网址：www. ssap. com. cn
发 行／市场营销中心（010）59367081 59367083
印 装／三河市龙林印务有限公司

规 格／开 本：787mm × 1092mm 1/16
印 张：10. 75 字 数：159 千字
版 次／2018 年 12 月第 1 版 2018 年 12 月第 1 次印刷
书 号／ISBN 978 － 7 － 5201 － 4141 － 3
定 价／98. 00 元

皮书序列号／PSN B － 2008 － 119 － 1/1

前　言

　　《中国文化遗产事业发展报告（2017~2018）》是文化遗产蓝皮书系列的第九本，启动于这项工作开展的第十个年头。对比十年前启动之时对这项事业的研究成果，作为第三方的**国务院发展研究中心文化遗产蓝皮书课题组（以下简称课题组）**，不能不感慨于文化遗产事业的规模、影响和水平都今非昔比。尤其是党的十八大以来，习近平总书记对文物工作做出重要指示批示40多次，出席或见证文物领域重大活动10多次，莅临文物博物馆单位考察指导近30次。在这些指示中，最系统的是2016年4月的这段文字："……各级党委和政府要增强对历史文物的敬畏之心，树立保护文物也是政绩的科学理念，统筹好文物保护与经济社会发展，全面贯彻'保护为主、抢救第一、合理利用、加强管理'的工作方针，切实加大文物保护力度，推进文物合理适度利用，使文物保护成果更多惠及人民群众。各级文物部门要不辱使命，守土尽责，提高素质能力和依法管理水平，广泛动员社会力量参与，努力走出一条符合国情的文物保护利用之路，为实现'两个一百年'奋斗目标、实现中华民族伟大复兴的中国梦作出更大贡献。"其中，提出了一个系统性目标"符合国情的文物保护利用之路"。为此，2016~2017年文化遗产蓝皮书的年度主题定为"**自觉主动融入经济社会发展大局，努力走出一条符合国情的文物保护利用之路**"，着力点放在了文物系统融入经济社会发展大局的自觉性、主动性分析和措施上；在党的十九大胜利召开之后，国家的发展跟什么人、举什么旗、走什么路都已明确，做好文物工作走什么路也越发需要探讨，因此，课题组将2017~2018年文化遗产蓝皮书的年度主题定为"**怎么走好符合国情的文物保护利用之路**"，专门探讨这条路的方向、路径、动力机制，以及在这条路上文物部门如何与全社会形成合力

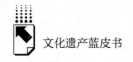

"加强文物工作"。

　　课题组确定这个主题，不仅是"看齐意识"，也基于这样的基本认识：文物事业或更广泛的文化遗产事业，从来都是与国运伴生的。正在编纂的《中国文物志》，明确了中国文物事业是在中华人民共和国成立后才成形的。1982 年《宪法》中明确"国家保护名胜古迹、珍贵文物和其他重要历史文化遗产"后，文物事业获得法定地位。同年颁布了《文物保护法》，文物工作从此进入了法治时代……考虑到 2018 年已是改革开放 40 年，2020 年对国家来说是重要时间节点（全面建成小康社会），为一个综合目标提出三年行动计划是惯例，因此本书以**"怎么走好符合国情的文物保护利用之路"为年度主题，就是因为全面小康少不了"保护文物也是政绩……让文物活起来"这一面**，课题组理应从第三方角度为文物系统今后三年的工作出谋划策。而且，直接用这样的疑问句来表达这个年度主题，既因为前八本蓝皮书已经对普遍问题、制度成因、典型案例等有了系统描述，也因为形势使然和中央文件在蓝皮书写作期间给出了顶层设计：2017 年 10 月，党的十九大召开，其最重要的理论成果是明确提出和概括了习近平新时代中国特色社会主义思想，并且把这一思想当作党的指导思想写入了党章；2018 年 3 月，新一届政府的机构改革尘埃落定，文化与旅游部出炉，文化、旅游整合在一起，更易处理保护与利用的关系；2018 年 7 月，中央深改委会议通过《关于加强文物保护利用改革的若干意见》①，对文物系统在处理保护与利用关系方面的体制机制改革提出了顶层设计……形势前所未有的好，要求也前所未有的高，走好这条路就在当下、就在脚下，不确定"怎么走好"这个主题都不行。

　　确定这个年度主题，也是课题委托方——国家文物局——的要求。蓝皮书的课题合同中要求："以深入贯彻落实习近平总书记关于文物工作重要指示批示精神为引领，以贯彻落实《国务院关于进一步加强文物工作的指导

---

　　① 2018 年 10 月由中共中央办公厅、国务院办公厅正式印发。

意见》① 为指导，以服务国家发展战略为研究背景，坚持**客观视角**，坚持**问题导向**，坚持**对策研究**，梳理阐释、研究探讨中国文化遗产事业发展趋势、现存问题及发展路径，为走出一条符合国情的文物保护利用之路提供实践案例和理论支撑。"

　　按照客观视角（第三方）、问题导向（年度主题就是问题）、对策研究（就问题给出对策）的要求，在年度主题下，课题组首先分析了"国情"和"路"。党的十九大报告中的"两个没有变"是最基础的国情："必须认识到，我国社会主要矛盾的变化，没有改变我们对我国社会主义所处历史阶段的判断，我国仍处于并将长期处于社会主义初级阶段的基本国情没有变，我国是世界最大发展中国家的国际地位没有变。"这个基础国情下，通过高质量发展解决发展不平衡、不充分与人民日益增长的美好生活需要之间的矛盾，就成为这个阶段发展道路的不二选择。按高质量发展来要求文物工作，必须深刻认识到已经渐有文化遗产强国之态的中国文化遗产事业，仍然有保护不到位、利用不合理的问题，某些问题甚至是普遍问题②。这种情况下，**文物保护利用技术路线的创新，保障这些技术路线落地的体制机制创新，就成为符合国情的文物保护利用之路的特征**。而且，走出这条路正逢其时，因为目前满足三个前提。①时间前提，这从发展阶段可以看出。国家的改革开放已经40年，经济、社会、生态环境领域的改革已经成果丰硕，目前已经到了确立文化自信必须依靠文物工作推动而改善文物工作又面临需求侧推动供给侧改革（"让文物活起来"）之时，中央第一次发布全面指导文物保护利用改革的文件也说明时运已至。②空间前提，这从国家确定主体功能区战略使国土空间分功能使用、确定新型城镇化战略"要从保护建筑走向保护风貌，传承好城市历史文脉"、提出乡村振兴战略使"乡愁"成为乡村振兴的主旋律可以看出。③制度前提，这从生态文明建设领域的自然资源资产确权（包括不动产确权）开始到完整构建生态文明八项基础制度使各级政府

---

① 2016 年发布，在本书中简称 17 号文。
② 例如，较低级别的不可移动文物的管理状况与全国重点文物保护单位之间差距很大，很多普查登记文物实际处于"失控"状态。

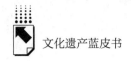

守土有责且责权利逐步对称可以看出。文物领域这种全面的制度背景改善，在《关于加强文物保护利用改革的若干意见》中也得到完整体现，其中还包括了许多文物工作者暂时还不理解重要性但与生态文明的自然资源资产确权高度对应的基础性的"建立文物资源资产管理机制"①。这使文物部门"守土尽责"真正有了制度依托，也说明文物领域的体制机制改革真正体现了顶层化、全面化。

但在认识到这些有利条件的同时，也要看到现实中的差距还是很明显。例如，尽管二十多年前国务院文件就明确了文物工作的"五纳入"②，但现实中仍让大家纳闷"五纳入"为何经常成为无纳入；尽管对文物系统的投入显著加大、文物督察的体系逐渐完善，但每年仍有那么多文物相关案件发生，甚至让总书记屡次关注③。这说明，既往的问题仍有不少残留，何况这项事业的要求在显著提高，在"切实加大文物保护力度"的同时，还要"推进文物合理适度利用，使文物保护成果更多惠及人民群众"，"让文物活起来"。

面对这样的问题，文物部门必须思考总书记的指示如何落地。这包括在加大文物保护力度时如何形成合力（不能只靠文物部门）、如何在新型城镇化和京津冀一体化中让文物部门充分体现"乡愁"主导者特色、如何在重点地区全面发力补齐制度技术短板、如何将"保护文物也是政绩"和"合理适度利用"从技术和制度上体现出来。这些都是文物系统要思考并落实到操作层面上的工作，课题组必须从客观视角、按问题导向进行对策研究。课题组在初步思路稿中明确了**年度主题的研究要点**在于**统筹保护利用关系、**

---

① 健全国有文物资源资产管理体系，制定国有文物资源资产管理办法，建立文物资源资产动态管理机制。实行文物资源资产报告制度，地方各级政府定期向本级人大常委会报告文物资源资产管理情况。完善常态化的国家文物登录制度，建设国家文物资源大数据库。

② 1997年，国务院发布《关于加强和改善文物工作的通知》（国发〔1997〕13号），要求各地、各部门将文物保护纳入经济和社会发展计划，纳入城乡建设规划，纳入财政预算，纳入体制改革，纳入各级领导责任制。

③ 例如，即便在文物工作全国领先的北京，也发生了这样的事件。2017年3月20日，明十三陵思陵重要文物失窃一事被媒体曝光，一时舆论哗然。习近平总书记对此专门批示，有关部门立即展开调查，迅速侦破此案。随即而来的是对相关人员的严肃追责，因为十三陵特区办事处在2016年6月已经知晓文物失窃一事，却隐瞒不报。

保护成果惠及人民、文物部门守土尽责、社会力量广泛参与这四个方面。难点就是权衡保护利用的关系且要让成果惠及人民，不仅要保护好还要活起来，在保护的基础上谈文物的"利用"，即让社会各界和人民群众在参与文物保护的同时有获得感。而这些兼顾的技术和政策基础就是要明晰"文物合理适度利用"的"理"和"度"是什么：对内，这是评价文物系统工作成效的重要根据；对外，是为社会大众做好服务的重要指导。

　　显然，如何解读合理适度利用中的"理"和"度"至关重要。一系列指导方针和文件的出台对文物利用的细化和落实，体现了文物系统进一步融入大局的机遇和导向。目前已有的制度建设，为"理"和"度"打下了基础。但已有的法律法规、规范性文件、技术标准等还不够系统，科学性也有待提高，所以要进一步深刻挖掘"理"和"度"的内涵，使"理"和"度"的表达更清晰明确——这构成了蓝皮书的第一章；当前文物系统的保护和利用现状到底怎样，保护不到位和利用不合理有哪些制度成因——这构成了蓝皮书的第二章；在"理"和"度"清楚和制度成因明晰的情况下，文物系统和社会各界如何形成合力——这构成了蓝皮书的第三章；最后，解读《关于加强文物保护利用改革的若干意见》，借鉴中央《生态文明体制改革总体方案》，加强文物工作可以获得全面的体制机制保障，从前端、过程、末端进行相关体制机制改革——这构成了蓝皮书的第四章。而平衡保护与利用关系的国外经验、具体案例点上"理、度"的呈现形式等，构成了蓝皮书的附件。

　　总之，多方组成的课题组①希望这第九个年头的蓝皮书工作，通过围绕这条路的理论分析和实践案例总结，为这条路提供"十足"的解读，也让读者对这条路有"八九不离十"的理解。这样的成果，虽然没有"十足"的含金量，但也来之不易，我们相信能让读者开卷有益。与每年的蓝皮书一样，这本成果"十有八九"不只是我们自己的贡献。既往蓝皮书致谢名单

---

① 本年度蓝皮书是合作研究成果。例如，对文物"理"和"度"的部分研究工作，由浙江大学教授（原西安博物院院长）张颖岚及其团队成员和陕西省文化遗产研究院白海峰完成。

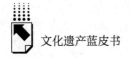

中的大多数领导和专家，仍然"十年如一日"地给我们提供帮助和指正。国务院发展研究中心力拓基金项目也部分支持了本书的相关调研和出版发行。这使我们这个课题组在走好符合国情的文化遗产蓝皮书之路上，能十年不忘初心。

苏杨

2018 年 10 月

摘　要

2017 年 10 月，党的十九大召开，其最重要的理论成果是明确提出和概括了习近平新时代中国特色社会主义思想，并且把这一思想当作党的指导思想写入了党章。2018 年逢改革开放四十周年：3 月，新一届政府机构改革尘埃落定，文化和旅游部出炉，文旅融合将更利于处理文物保护与利用的关系；7 月，中央深改委会议通过《关于加强文物保护利用改革的若干意见》，对文物系统在处理保护与利用关系方面的体制机制改革提出了顶层设计……在这样的时间节点上，2017～2018 年文化遗产蓝皮书的年度主题定为"怎么走好符合国情的文物保护利用之路"，专门探讨这条路的方向、路径、动力机制，以及在这条路上文物部门如何和全社会形成合力"加强文物工作"。

2017～2018 年文化遗产蓝皮书是这个丛书的第九本，坚持了客观视角（第三方）、问题导向（年度主题就是问题）、对策研究（就问题给出对策）的要求，在年度主题下，首先分析了"国情"和"路"。党的十九大报告中的"两个没有变"是最基础的国情："必须认识到，我国社会主要矛盾的变化，没有改变我们对我国社会主义所处历史阶段的判断，我国仍处于并将长期处于社会主义初级阶段的基本国情没有变，我国是世界最大发展中国家的国际地位没有变。"在这个基础国情下，通过高质量发展解决发展不平衡不充分与人民日益增长的美好生活需要之间的矛盾，成为这个阶段发展道路的不二选择。按高质量发展来要求文物工作，必须深刻认识到已经渐有文化遗产强国之态的中国文化遗产事业，仍然有保护不到位、利用不合理的问题。在这种情况下，进行文物保护利用技术路线创新、保障这些技术路线落地的体制机制创新，成为符合国情的文物保护利用之路的特征。同时，让保护利

用的成果惠及人民，为广大群众按需提供文物相关产品和服务，不仅要保护好还要让文物活起来，是这条路的难点。解决这样的难点需要准确理解合理适度利用并将其细化到操作层面，本书试图总结：文物合理适度利用中的"理"包括法理、物理、人理三个方面，而"度"包括设限度、可度量、多维度三个方面。只要明晰了"理"和"度"，便可在文物利用中放开手脚，大胆创意，才能做到让文物真正"活起来"。

当前既有的文物保护利用相关制度并没有充分体现"文物保护也是政绩"，以致领导干部层面无心、各方面难以形成保护文物的合力。同时，对文物系统而言，"权、钱"相关制度没有配置到位，文物系统做事常感有心无力。总的来说，制度掣肘包括影响文物保护范围和力度的制度、影响文物利用总量和效率的制度，尤其是规划机制、资源产权制度、补偿制度、领导干部绩效考核和问责机制等。文物的保护利用，虽然多由文物部门控制甚至主导，但需要根据文物的形态、意欲活化的方式和需要调动的相关行政资源，发挥相关部门的主动性。若能通过配套制度建设，解决地方政府在保护文物和发展经济上的激励不相容问题，则可实现"上下左右共抓大保护"的合理适度利用文物的良性机制。具体来说，做好文物工作的起点是文物确权和规划的前端控制，在过程中进行补偿、政绩考核以及机构能力建设，而末端制度建设也非常重要，主要是文物保护的压力传导和责任追究，即督察和问责机制。

最后，本书附件中辅以他山之石，在分析现有问题、解决问题的同时，希望给出一些新观点、新想法。符合国情的文物保护利用之路在眼前，也在脚下，各方携手一起走，必是一条辉映全面小康的康庄路。

Abstract

In October 2017, at the 19th National Congress, Xi Jinping annonced the new era of socialism with Chinese characteristics; 2018 is a special year, it's the 40th anniversary of Reform and Opening: in March, the new government's institutional reforms were settled, thus the Ministry of Culture and Tourism is established. With this new institution, especially the integration of culture and tourism sectors will make it easier to deal with the relationship between the protection and utilization of cultural heritage; in July, the Central Committee of CPC for the Reform passed the "*Several Opinions on Strengthening the Protection and Utilization of Cultural Relics*", which drew the basic lines for the institutional reform in terms of the protection and utilization of cultural heritage. At this time point, the annual theme of the 2017 – 2018 Cultural Heritage Blue Book is "How to Take the Road to Protect and Utilize the Cultural Relics in Accordance with the National Conditions", specifically to explore the direction, path, and driving force of this road. Also through this book, we would like to explore how the whole society could form a synergy along with the cultural heritage admistration to "strengthen cultural heritage work".

The ninth Blue Book insists on the requirements of objective perspective (third party), problem orientation (The annual theme is the problem), countermeasure research (giving countermeasures according to the problem). Under the theme of the year, the research team first analyzes "national conditions" and "road". The report of the 19th National Congress described the most basic national condition: We must recognize that the evolution of the principal contradiction facing Chinese society represents a historic shift that affects the whole landscape and that creates many new demands for the work of the Party and the country. Building on continued efforts to sustain development, we must devote great energy to addressing development's imbalances and inadequacies, and push

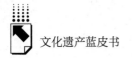

hard to improve the quality and effect of development. With this, we will be better placed to meet the ever-growing economic, political, cultural, social, and ecological needs of our people, and to promote well-rounded human development and all-round social progress. " Under this basic national condition, to resolve the contradiction between the development imbalance and insufficient development and the growing needs of the people through high-quality development has become the best choice for this stage of development. In order to work on cultural heritage in accordance with high-quality development, it is necessary to identify and try to solve the problems of inadequate protection and unreasonable use. Under this circumstance, the innovation of cultural relics protection and the use of technological routes to ensure the innovation of the institutional mechanisms have become a feature of the road to the protection and utilization of cultural relics in line with national conditions. At the same time, it is the difficulty of this road to let the fruits of protection and utilization benefit the people and provide the cultural relics-related products and services to the masses on demand. To solve such difficulties, it is necessary to accurately understand the reasonable and appropriate use and refine it to the operational level. This book tries to summarize the rationalities and the measures: the rationalities of rational use of cultural relics include legal, physical and human aspects, while measures include limits, measurable and multi-dimension. To Clearly define the reasons and the measures can be used in the utilization of cultural relics and to make cultural relics "alive".

The current relevant protection and utilization system of cultural relics does not fully reflect the "protection of cultural relics is also a political achievement", so that the leading cadres are unintentional and it is difficult to form a joint force to protect cultural relics. At the same time, for the cultural relics system, the "power, money" related system is not in place, and the cultural relics system often feels powerless. In general, the "deficient" systems include institutions that affect the scope and intensity of cultural relics protection, systems that affect the total amount and efficiency of cultural relics, especially planning mechanisms, resource property rights systems, compensation systems, performance appraisal of leading cadres, and accountability mechanisms. The protection and utilization of cultural relics, although controlled or even dominated by the cultural heritage administration, needs to be done along with the relevant departments according to the form of cultural relics. If we can solve the problem of local government´s incentives for the protection of cultural relics and economic development through the construction of supporting systems, we can realize the benign mechanism of rational and appropriate use of cultural relics. Specifically, the first step for doing a good job in cultural relics is the front-end control of cultural relics and planning, in the middle phase are the compensation, the performance evaluation and institutional capacity construction, and for the late phase mainly the supervision and accountability mechanisms.

Finally, the annex to the book is supplemented by the case study and French experiences in cultural heritage management. While analyzing existing problems and trying to solve them, we also hope to give some new ideas through the book. The road to the protection and utilization of cultural relics in line with national conditions is at the forefront, and if all parties and stakeholders are working together, it must be a wide road.

目 录

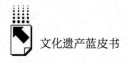
皮书数据库阅读**使用指南**

CONTENTS

B.1

第一章
符合国情的文物保护利用之路——
时代背景、工作要求和动力机制

本章要点：

1. 文物保护利用技术路线的创新，保障这些技术路线落地的体制机制创新，是符合国情的文物保护利用之路的特征。而且，走出这条路正逢其时，目前同时满足了时间前提、空间前提和制度前提。

2. 走好这条路的难点是权衡保护利用的关系且要让成果惠及人民，在保护的基础上谈文物的"利用"，为广大群众按需提供文物相关产品和服务，不仅要保护好还要活起来。这需要准确理解合理适度利用并将其细化到操作层面：文物合理适度利用中的"理"包括法理、物理、人理三个方面，"度"包括设限度、可度量、多维度三个方面。

3. 新时代文物保护利用之路的前进动力主要来自三个方面：新利用方式、新利益结构和新体制机制。

走出一条符合国情的保护利用之路是习近平总书记对文物[①]工作指示的落脚点，是中国当前文物工作的主旋律，也是本年度文化遗产蓝皮书的立论根本。这条路涉及两个关键词：国情、保护利用之路。**怎么走好符合国情的文物保护利用之路，这既是年度主题，也是任务要求。**

---

① 近年来，在工作层面，有着明确部门分工的"文物"二字比"文化遗产"用得更频繁。本书的年度主题因此聚焦在文物上，相关分析也主要针对文物。但在事业层面，仍然用外延大、国际化程度高的"文化遗产"。

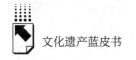

一 时代背景——对"国情""保护利用之路"的理解

国情是外延博大的词,党的十九大报告中的"两个没有变"是我国最基础的国情:"必须认识到,我国社会主要矛盾的变化,没有改变我们对我国社会主义所处历史阶段的判断,我国仍处于并将长期处于社会主义初级阶段的基本国情没有变,我国是世界最大发展中国家的国际地位没有变。"在这个基础国情下,通过高质量发展解决发展不平衡不充分与人民日益增长的美好生活需要之间的矛盾,成为这个阶段发展道路的不二选择。

国情虽然是外延博大的词,但与文物联系起来内涵就很具体了:国情与文物的关系,早已有各种说法,"乱世黄金盛世古董"是这方面的一个粗浅说法,"国运兴、文化兴"则反映了文化、文物与国家发展之间的关系,"没有中华文化繁荣兴盛,就没有中华民族伟大复兴"① 更反映了作为文化事业主阵地之一的文化遗产事业与中国"两个一百年"目标之间的关系。总体来看,国家强盛与文化遗产事业发达之间是相互促进的关系:国家强盛是硬实力,体现了经济基础和较全面的价值观;文物事业发达则直接体现了国家的软实力并有助于保持硬实力。在国家百废待兴之时,文物难免受到忽视,所以"抢救第一"会在某个阶段成为文物工作的主旋律;而在改革开放已经四十年、我国已进入"两个一百年"奋斗目标的历史交汇期,既要全面建成小康社会又要开启全面建设社会主义现代化国家新征程,这个时候文物工作的重点需要转向让人民群众对文物"共抓大保护"、共享获得感,这就需要对文物进行更加全面的保护和合理利用。

具体到直接与文物相关的国情,区别于文物系统的习惯认识角度,可以

---

① 摘自 2014 年 10 月 15 日,习近平总书记在文艺工作座谈会上的讲话。完整的表述还包括"一个民族的复兴需要强大的物质力量,也需要强大的精神力量。没有先进文化的积极引领,没有人民精神世界的极大丰富,没有民族精神力量的不断增强,一个国家、一个民族不可能屹立于世界民族之林"。

从需求和供给两侧来进行理解①。**从需求侧的角度，**公众对文物及其相关产品（如文创产品等）和服务（如鉴赏服务）是有普遍需求的，而且是随经济发展水平提高必然增长的需求。习近平总书记在十九大报告中指出："中国特色社会主义进入新时代，我国社会主要矛盾已经转化为人民日益增长的美好生活需要和不平衡不充分的发展之间的矛盾。我国稳定解决了十几亿人的温饱问题，总体上实现小康，不久将全面建成小康社会，人民美好生活需要日益广泛，不仅对物质文化生活提出了更高要求，而且在民主、法治、公平、正义、安全、环境等方面的要求日益增长。"我国现已基本解决温饱问题，人民现在有更高层次的需求：更好的教育、更稳定的工作、更满意的收入、更丰富的精神文化生活……这得益于改革开放四十年的丰硕成果奠定的物质基础。在此基础之上，文物成为精神文化生活中重要且不可替代的内容：文物是历史信息的载体。对于个人来说，文物可能会帮助他理解自己的家庭历史，抒发他的乡愁；对于民族来说，文物是一个国家、一个民族的灵魂，是维系民族精神的关键。公众对文物的兴趣是天然的，相关的消费需求是多样的，文物承载着每个人对个人、家庭、民族的思考。**一言以蔽之，从需求侧来看，全面小康必然包括文物这一面。从供给侧的角度，**文物及其衍生的各种服务，是可以惠及全民的公共物品，可以成为提升人民群众获得感的增长点。而目前文物供给侧的国情是，从外部看缺少全社会的合力，从内部看没有真正与需求侧匹配。缺乏合力体现在：文物利用方式缺乏创造性和活力，文物和非物质文化遗产、自然遗产等尚未形成互动关系，文物尚未融入地方社会经济发展的大局，以文物为特色的城市没有将文物及博物馆发展成多功能的城市活动平台等，因而各方尚未形成适应国情的文物保护利用合力。供需不匹配的主要原因是保护和利用方式与程度和相应的需求侧不匹配。在这种情况下，2016~2017 年文化遗产蓝皮书中对于供给侧在发展理念、体制机制等方面的改革提出了诸多建议，本年度蓝皮书则进一步分析并

---

① 2016 年 4 月，习近平总书记对文物工作的指示中，其实已经很清楚地表明了这种认知的角度。如"使文物保护成果更多惠及人民群众"，就反映了文物工作在供给上要满足人民群众的需求。

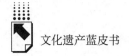

呈现了"文物的合理适度利用"的体系标准，为保障文物及其相关的供给提供了更为具体的依据。而过去这方面的工作还存在诸多漏洞和短板①，实践中，文物领域的供给侧改革才刚刚起步②。

这种供给和需求侧的脱钩其实是各项社会事业中的普遍现象，不唯文化遗产事业独有。**文化遗产事业发展中的供需不平衡体现在三个方面：空间的不平衡、总量的不平衡和结构的不平衡。**①空间的不平衡包括缺乏合理规划下的热门地区和冷门地区之间、东西部间、城乡间的差距。部分热门博物馆（如故宫等）和遗址（如兵马俑、八达岭等）旺季参观人数过多，有时甚至对文物安全造成威胁；然而大部分地方博物馆缺乏自身特色和布展上的推陈出新，很多遗址缺少可视性和可参与性，造成门可罗雀的现象。②总量的不平衡包括供大于需和供小于需两种情况。供小于需的情况仍然是普遍的，这首先体现为级别较低的不可移动文物保护不足甚至在管理上"失控"（即便不按《文物保护法》要求这样的绝对标准，相对全国重点文物保护单位而言这种情况也是明显的），即保护工作还远远没有满足保护需要。这还表现为文物工作与人民对美好生活的需求脱节，如部分历史村落、重要遗址提供了大量的文化、历史、自然及经济等资源，然而这些资源并没有被公众认识并合理利用，没有全面体现社会效益及经济效益，以致相关保护完全成了当地居民的负担；又如真正的文化全民共享应是文物保护和利用成为居民日常生活的一部分，而不是少数人追逐的对象，但是现有的文物利用方式和程度并没有达到这样的目标。③结构的不平衡包括供需对象和供需内容不平衡。文物是传承中华民族文化的重要途径，但也应该是促进地方文化、社会和经济发展的重要渠道。文物主要提供的是文化和社会价值，但是很多政府和地方居民需要的是经济价值。其中，地方居民的利益诉求和多样化参与应是这一过程中的主要考虑对象。

---

① 所幸，对这方面工作不足的纠偏，在习近平总书记的指示和中央近些年的工作部署中全面体现出来。2016年，习近平总书记在对全国文物工作会议的指示中强调对"文物的合理适度利用"。国务院及国家文物局印发的两个文件《国务院关于进一步加强文物工作的指导意见》《关于促进文物合理利用的若干意见》进一步明确了合理适度利用文物的方向和内容。

② 应该说，2018年7月6日由中央全面深化改革委员会第三次会议审议通过的《关于加强文物保护利用改革的若干意见》，就是包含这个改革的总纲领。

但是当前参与者却主要为投资商（房地产商、文化产业公司等），内容也主要针对游客（对文化或旅游有一定需求的人群），受益者中当地居民位置靠后，且获得利益较少。空间、总量和结构不平衡最终导致了利益结构的不平衡，即没有充分考虑文物保护和利用中的不同利益相关方，难以构建融合发展的格局，也难以形成共赢的核心价值观以及利益共同体和发展共同体。

总之，认识到这样的国情后，要走出一条符合国情的文物保护利用之路，必须认识到应按高质量发展来要求文物工作，已经渐有文化遗产强国之态的中国文化遗产事业，仍然有保护不到位、利用不合理的问题，某些问题甚至是普遍问题[①]。这种情况下，**文物保护利用技术路线的创新，保障这些技术路线落地的体制机制创新，就成为符合国情的文物保护利用之路的特征。而且，必须形成共抓大保护的利益共同体。**

符合国情的文物保护利用之路，首先需要从制度上规范各利益相关者的角色，在利益共同体的基础上构建命运共同体，才有可能形成全社会文物保护和合理利用的合力。国务院 17 号文指出：近年来，我国文物事业虽然取得了显著成就，但是"全社会保护文物的法制观念有待提升，文物保护的配套法规体系尚需完善；一些地方履行文物保护的责任不到位，法人违法行为屡禁不止；一些文物保护单位因自然和人为因素遭到破坏，一些革命文物的保护没有得到足够重视，尚未核定公布为文物保护单位的不可移动文物消失加快；文物建筑火灾事故多发，盗窃盗掘等文物犯罪屡打不止；文物执法力量薄弱，执法不严、违法不究现象时有发生；文物拓展利用不够，文物保护管理的能力建设有待加强"。这说明了管理者对文物保护的责任不到位，同时对文物利用的开展力度不足；执法者依据的法律法规尚不完善，且未能做到严格执法；公众法制观念还需提高，从而严格规范自身行为，积极参与文物的保护、利用和监督。在政府、文物主管部门、其他部门和公众几大群体明确主要职责，不断自我完善的同时，还需形成文物行政管理机构和社会各界的合力，构建利益共同体，实现相互促

---

① 例如，较低级别的不可移动文物的管理状况与全国重点文物保护单位之间差距很大。

进、相互监督，携手共进。例如，可以借鉴环保系统的做法，完善政策配套，将约束机制与激励机制并存，加强公众参与和监督，并使相关制度可测量、可追溯。应该让地方政府、企业和公众感受到保护好利用好文物可以给当地文化、社会和经济发展带来好处，从而真正实现文物"共抓大保护"基础上的全面"活起来"。

符合国情的文物保护利用之路，还需要技术改革和引导、支持技术改革的体制机制配套改革。技术革新，主要体现在文物保护和利用的水平提高、形式多样上。要提高文物保护的科技含量和装备水平，使文物展示利用手段和形式实现突破。这方面有较成功的案例。如陕西汉阳陵地下博物馆中从葬坑原貌的展示模式，既避免了游客与文物本体的接触，通过温度、湿度和光线等的控制，以严格的标准保护脆弱的土遗址，同时又拉近了游客与文物的距离，让游客漫步在透明材质隔绝的发掘现场之上，零距离感受古代帝陵壮观的随葬气势，有身临其境之感。但多数情况是，考古遗址普遍采用的保护措施不能满足遗址本体保护的要求，展示利用配套设施更是十分匮乏，对公众的公开展示非常有限。例如，河南城阳城的具体布局结构、城内的宫殿基址、作坊区及墓葬区内众多古墓的位置及墓葬区的具体范围不明，缺乏精确、完整的文物分布图，难以对这些个体单元制定针对性的保护措施，且发掘遗址没有展示利用配套设施，对公众公开展示的部分所占比例非常小①。由上述两个案例对比可见，应在分析文物资源保护需求、利用方式的基础上，分类给出合理的"理"的系统表达方式、适度的"度"的特征指标体系，从而较精确地给出管理的技术标准（包括在利用方面的强制性标准），并在此基础上配套相关的体制机制，使文物既能活起来，也能更安全。**就制度创新来说，**可以借鉴生态文明体制的系统创新和配套改革。十九大报告要求通过生态文明体制机制改革加快建设美丽中国，进而解决人民群众日益增长的生态环境的需求与生态产品有效供给不足之间的矛盾。目前文物系统的机制创新还比较少，有些体制机制甚至阻碍文物事业发展。要实现"在保

---

① 具体情况可查看 2016~2017 年蓝皮书技术报告第三章第 1、2、3 节。

护中发展，在发展中保护""文物保护的公益性"等目标，还需要在加强相关领域研究的基础上，积极推进体制改革与创新。按照《国家"十三五"时期文化发展改革规划纲要》，制度建设既包括"深化人事、收入分配、社会保障、经费保障等制度改革，加强绩效评估考核。推动公共文化馆、图书馆、博物馆、美术馆等建立事业单位法人治理结构"，也包括建立健全有文化特色的现代企业制度，完善社会效益和经济效益综合考核评价指标体系，建立考核结果与薪酬分配挂钩的绩效考核制度，等等。文物系统的制度建设既要查缺补漏，也要配套全面，否则就会出现改革不配套、创新难落地的情况，甚至复现国内诸多博物馆发展文化创意产品相关产业时因为制度不配套只能走回头路的教训①。

二　工作要求——准确理解合理适度利用并将其细化到操作层面

适合国情的保护利用之路，其方向和要点从总书记的指示中显见："各级党委和政府要增强对历史文物的敬畏之心，树立保护文物也是政绩的科学理念，**统筹好文物保护与经济社会发展，全面贯彻'保护为主、抢救第一、合理利用、加强管理'的工作方针，切实加大文物保护力度，推进文物合理适度利用，使文物保护成果更多惠及人民群众……**"可以认为，在文化遗产事业已经发展到较高水平的今天，今后适合国情的保护利用之路的工作要强调在保护为主的基础上合理适度地利用。这个工作要求的**要点**在于**统筹保护利用关系、保护成果惠及人民、文物部门守土尽责、社会力量广泛参与**这四个方面，而**难点**就是权衡保护利用的关系且要让成果惠及人民，在保护的基础上谈文物的"利用"，为广大群众按需提供文物相关产品和服务，不

---

① 2016～2017年蓝皮书中介绍了许多技术路线创新因为缺少体制机制配套改革的支持而"夭折"的案例。如湖南省博物馆早就在文物创意产品的开发上走在全国前列，但因为事业单位体制和文博单位的人力资源机制、激励机制等没有及时创新而不得不走回头路。

仅要**保护好还要活起来**。完成这样高要求工作的基础就是要明晰"文物合理适度利用"的"理"和"度"是什么。而且，明晰的"理"和"度"，对内是评价文物系统工作成效的重要根据，对外是为社会大众做好服务的重要指导。

按照这样的认识，如何解读合理适度利用中的"理"和"度"就至关重要。这方面，国家和文物部门的文件已有一些说法。17 号文专门对文物利用方面做出部署："任何文物利用都要以有利于文物保护为前提，以服务公众为目的，以彰显文物历史文化价值为导向，以不违背法律和社会公德为底线。"随后，2016 年 10 月，国家文物局印发《关于促进文物合理利用的若干意见》。其中对"合理适度"的说明为"文物利用必须以确保文物安全为前提，不得破坏文物、损害文物、影响文物环境风貌。文物利用必须控制在文物资源可承载的范围内，避免过度开发"。一系列指导方针和文件对文物利用的细化和落实，体现了文物系统进一步融入大局的机遇和导向。目前已有的制度建设，为"理"和"度"打下了基础。但已有的法律法规、规范性文件、技术标准等还不够系统，科学性也有待提高，所以要进一步深刻挖掘"理"和"度"的内涵，使"理"和"度"的表达更清晰明确（如图1-1所示）。

（一）对合理的理解

可以按这样的逻辑层次来理解文物合理适度利用中的"理"。首先是**法理**，文物利用要合乎相关的法律法规及规范性文件。具体说来，中国现行有效的文物保护法律法规和规范性文件超过 600 件。首先，国家层面有《宪法》和《刑法》中涉及文物的条款，以及保护文物的基本法《文物保护法》；其次是**地方性法规**，指由省、自治区、直辖市人民代表大会常务委员会根据国家法律，结合本地实际情况制定、颁布实施的有关文物的法规；再次是**规范性文件**，指具有法律效力的，国家行政机关为实施某项法律和行使自己的职权而制定和颁布的文物政策、法令、规定、办法、条例等，如《历史文化名城名镇名村保护条例》《博物馆条例》和专门针对文物合理适度利用的指导性文

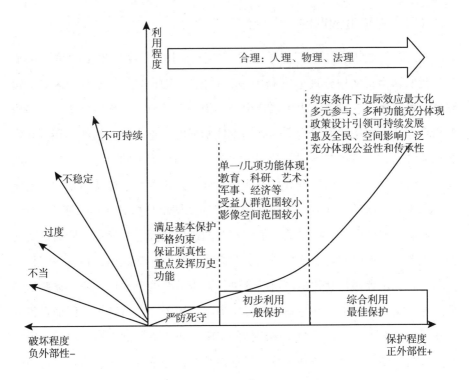

图 1－1　对文物的合理适度利用

件《国务院关于进一步加强文物工作的指导意见》《关于促进文物合理利用的若干意见》《关于推动文化文物单位文化创意产品开发的若干意见》等。

但法律规定有先天的滞后性，只符合"法理"是不够的，在文物合理适度利用的过程中也要符合**"物理"**和**"人理"**，且"物理"和"人理"相辅相成，不可分割。符合**"物理"**是指文物利用要考虑到文物本身的性质和权属，利用时应根据文物的价值、类型、保存状况、环境条件等分级、分类选择适宜的利用方式。符合**"人理"**是强调从事文物工作的专业人员以及使用文物的普通大众分别在文物利用中的关键作用：首先，文物的保护和利用有其专业性，合理利用要在专业人员的指导、监督之下完成；其次，合理利用文物要认识到其与普通大众的联系，文物是历史信息的载体，不能切断大众使用者与文物之间的联系。

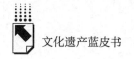

（二）对适度的理解

在"理"的基础上，习近平总书记的指示中第一次提出了"度"的概念。我们认为，文物合理适度利用中的"度"主要包含三方面的内容：**设限度、可度量、多维度**，也可以说限制、规范、开放三种手段并举。①**设限度**指合理适度利用需要限定文物利用方式和强度。首先对文物的利用方式进行整体分类，而后针对不同的利用方式予以利用程度上的限定。文物利用的公益性居首位，具体而言其利用方式主要分为**宣传教育、体验活动**和**商业经营**。对于**教育活动**的开展，各级文物部门和文博单位应该予以全面的支持。这需要有专门的资金、固定的人员、规范的流程和固定的频率，同时需要文物管理者、考古研究者、博物馆馆员和高校教师等增强意识，在自身工作和科研之外认识到通过文化遗产对公众进行宣传教育的重要性。对于**体验活动**的开展，文物保护部门往往缺乏额外精力与专项资金独自开展，因而在得到观众认可的基础上，还需要志愿团体的奉献、研究机构的支持，以及政府的部分资金补助等。这些条件是体验活动持续进行的重要保障。**商业经营**对遗址的文化宣传和经济收益均有一定的带动作用，同时遗址周边餐饮和酒店等行业的发展既可以为当地居民创造新的经济增长点，也可以提高遗址周边的服务水平。但是对于商业经营尤为重要的是程度上的控制，最新的上位文件明确了文物保护单位、博物馆在发展文物旅游、打造文物旅游品牌、拓展相关经营业务方面的作用和合法性问题。②**可度量**指合理适度利用需要管理的规范化和精细化。要使文物在利用时有据可依，合理利用文物的政绩有据可量。如在考古遗址的保护和利用上，截至目前关于考古遗址的发掘与整理已有1984年公布、2008年修订的《田野考古工作规程》，但是对于考古遗址和遗物的保存与利用还没有详细的规程出台，因而如何合理保护，如何适度利用尚无依据可循。有鉴于此，出台相关规程并细化各项规定的工作十分迫切，例如亟须制定的规程有："文物库房管理规程""考古遗址保护与利用规程"等。③**多维度**指合理适度利用需要挖掘多功能的利用。一方面需要在保护文物的基础上，深入挖掘文物本身的价值，以及其与本地区其他资源间的联系或与其他地区类似资源间的联系；另一方面需要公开文物信息，创新展示展陈手法，完善管理与服务，满足公众的教育和欣赏需要等①。

从操作层面来看，"理"和"度"常常需要结合在一起应用。例如，很关键的一个"人理"是对文物合理尤其适度利用的度量标准，必须能被基层管理者个人以较低的成本熟练掌握，这样才能使"理"和"度"真正进入操作层面。而且，对合理适度的理解，要建立在分类的基础上（如表 1 - 1 所示）。

为更好地理解适度，也需要明确当前文物工作中的"不适度"情况，即过度、不当、不稳定和不可持续，主要体现在"利用不够"和"利用不当"。其中"利用不够"是指对文物基本没有进行利用（如博物馆馆藏中从未被利用的藏品、乡间无人问津的诸多没有定级的不可移动文物等）或是投入大量人力、物力建设后未发挥应有的功能（如花费数以十亿元计的中央财政专项资金修缮完毕的晋东南古建筑群）。"利用不当"是指没有坚持保护性利用，甚至摧毁了文物，或者说对文物进行了过度的、不可持续的、不考虑公益的以及不考虑其本身价值的、没有任何增值的文物利用。2012年，国务院印发了《关于进一步做好旅游等开发建设活动中文物保护工作的意见》，明令禁止"违法转让、抵押国有不可移动文物，将国有不可移动文物作为企业资产经营，过度开发利用文物资源，擅自拆除文物古迹和历史文化街区、村镇以及历史建筑"。2016 年，《国务院关于进一步加强文物工作的指导意见》中指出"国有不可移动文物不得转让、抵押，不得作为企业资产经营，不得将辟为参观游览场所的国有文物保护单位及其管理机构整体交由企业管理"。《文物保护法》第二十一条规定："一般不可移动

---

① 这方面的国际经验较多，符合这一探索的比较成功的案例有日本"风土记之丘项目"之一的"菊池川流域风土记之丘"。该项目以菊池川流域丰富的装饰古坟文化资源为核心，于1992年建立起熊本县立装饰古坟馆；后于1995年纳入该地区已建成的山鹿市立博物馆（1978年）和菊水町历史民俗资料馆（1978年）；再于2002年纳入九州地区7世纪建立的山城遗址——鞠智城及信息服务中心——温故创生馆。至此，菊池川流域的文化资源增加至五个片区。此外，该项目还与地方的水稻种植、寺庙、传统艺能、饮食文化交相呼应，并结合地方丰富的温泉、民宿、自然山水等资源，是整合利用和整体推广地方文化资源较为成功的一个典型案例。

表 1-1 文物分类合理利用

		国家所有	集体所有	私人所有
可移动文物	珍贵文物（一、二、三级文物）（约占6%）	鼓励的利用方式:科学研究;博物馆展出;与教育系统联系;开发文化创意产品（包括实物和音像制品等）。评估标准:科研课题数量,论文,展览利用率,展品利用率,馆际交流数量;博物馆与学校、企业之间交流项目的数量;文化创意产品的产值	开发文化创意产品（包括实物和音像制品等;开发科研数量及相关科研奖项,涉及的学科研数量;企业之间交流流项目的数量;文化创意 评估标准:科研课题数量,捐赠给学校,企业发挥其教育系统联系（若不可修复,捐赠给学校,企业发挥其...评估标准:科研课题数量,民物数量及科研奖项,展览数量,参观者数量及反馈;捐赠给教育系统的文物数量;文化创意产品的产值	利用方式:在民间文物市场中合法流通;博物馆（公立或民办收藏、展出 评估标准:民间新增收藏、鉴定监督民办博物馆流通机构的数量,新增民办博物馆数量,民办博物馆是否与公立博物馆结对
	一般文物及未定级文物（分别约占38%和56%）	鼓励的利用方式:科学研究;博物馆展出;与教育系统联系;开发文化创意产品（包括实物和音像制品）;开发科研奖项;展品利用率,展览数量,展览利用项目的数量;博物馆与学校、企业之间交流项目的数量;博物馆与学校、企业之间交流项目的数量;参观者数量及满意程度;旅游数量入回馈文物保护的比例	开发文化创意产品(包括实物和音像制品等;开发科研数量及相关科研奖项,涉及的学科研数量;企业之间交流项目的数量;文化创意 评估标准:科研课题数量,向公众开放率;参观者数量及满入回馈文物保护的比例;得到文物部门指导的文保单位的数量清单	—
不可移动文物	文物保护单位	利用方式:科学研究;向公众开放,发展旅游,其中古建筑等建筑还可以作为公共空间;开发文化创意产品。评估标准:科研奖项,论文,出版物数量,向公众的开放率;参观者数量及满意程度;旅游数量入回馈文物保护的比例	利用方式:同左。评估标准:科研课题数量,论文,出版物数量及数量率的比例;向公众旅游收入回馈文物保护的比例;得到文物部门指导的文保单位的数量清单	大多数价值一般的不可移动文物属于私人产。利用方式:住宅（客栈）、餐馆等。评估标准:修复等举措是否得到文保部门的帮助,文保部门是否得到项目是否得到文保部门的审批
	一般不可移动文物	利用方式:科学研究,教育,向公众开放;向公众实物和音像创意产品(包括实物和音像制品等;住宅,古建可被改建为办公场所,论文,餐馆等。评估标准:新科研课题数量及科研奖项,新增有解释,教育性质的科普利用数量;创意产品的产值	利用方式:同上。古建可被改建为办公场所,住宅(客栈)、餐馆等。评估标准:同左。修复等举措是否得到文保部门的帮助,经营项目是否得到文保部门的审批	利用方式:一般的不可移动文物属于私产。利用方式:评估:住宅(客栈)、餐馆等。评估标准:修复等举措是否得到文保部门的帮助,是否得到文保部门的审批
	文物分布的集中地(秦汉新城或良渚)	利用方式:向公众开放,举办创意活动(电影节,论文,出版物数量及科研奖项,建设控制地带等),或是"多规合一"中是否有文物图层;建设控制地带数量	利用方式:向公众开放,举办创意活动(电影节、当代艺术节等);在城市规划中是否有详细的保护规划;得到文物保护图层,经营项目,经营项目,游客的数量和满意度;文化活动的数量	评估标准:规定限高,保护限高,游客的数量和满意度;文化活动的数量

文物，不得擅自迁移、拆除；因建设工程需要必须迁移、拆除的，应当由县级人民政府批准；属于古文化遗址、古墓葬的，应当进行考古发掘。迁移、拆除、考古发掘所需经费由建设单位承担。"以上都是法律禁止的文物利用不当的情况。除此之外，如法律没有重点规定的私有一般不可移动文物，若在开发商追逐利益的情况下进行了不计后果的拆除也属于利用不当；对不可移动文物进行了违背其价值的改建，如改建成娱乐场所也属于利用不当。对于属于私产的级别较低或未定级的不可移动文物，国家能够干预的程度有限，只能通过设置门槛（如相关迁移、拆除、改建都必须报批）和经济激励（可以申请维修补贴，如按规范改建成经营场所或公益性公共活动场所可申请补贴）等手段来以利用促保护。

考虑到文物系统工作人员在专业技能方面通常是保护强、利用弱，我们附了专栏 1-1，通过案例来进一步解释合理和适度的利用在现实中的表现。

专栏 1-1　文物合理适度利用的"中国故事"

"理"和"度"都应是体系化、标准化的，每类文物都应该有这方面的技术标准。但具体到每一件、每一处文物，"理"和"度"都有自己的表现形式，因为每一件、每一处的文物都是独一无二的，既有自身的资源特性，也有在利用中需要表现出来的独特的历史、文化、社会价值，更有公众的接受意愿。以下为三个案例，体现出不同的"物理"和"人理"。

故宫博物院的文创产品和电影利用方式

故宫博物院对文物相关信息的充分利用： 如 2016 年热播的纪录片《我在故宫修文物》中表现出来的那样，**合"理"要符合"物理"和"人理"**。在故宫修文物，术业有专攻，钟表的修复有钟表组，漆器的修复有漆器组，木器的修复有木器组，书画的修复有书画组……不同种类文物的修复由不同的师傅来完成。修复好的文物在故宫精心设计的展览中被展示。**通过纪录片的形式，**向大众介绍文物修复工作者的工作，无疑拉近了文物工作和公众的距离。不能到故宫参观的人，或者即使到故宫参观也接

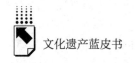

触不到修复者的参观者，通过此纪录片，与深宫里的文物来了一次"亲密接触"。在三集纪录片取得成功之后，同名电影在影院上映，人们走进电影院观看这样一部特别的电影，是合理适度利用文物的间接效应。此外，故宫博物院在文化创意产品上也十分领先，推出的文创商品被人们争先恐后地购买。在合理适度利用可移动的珍贵文物方面，故宫博物院起到很好的示范作用。

合理适度利用不可移动文物

敦煌莫高窟对文物参观体验的数字化利用：莫高窟，俗称千佛洞，坐落在河西走廊西端的敦煌，现有洞窟 735 个、壁画 4.5 万平方米、泥质彩塑 2415 尊，是世界上现存规模最大、内容最丰富的佛教艺术地。近代以来，又发现了藏经洞，内有 5 万余件古代文物，并衍生出一门专门研究藏经洞典籍和敦煌艺术的学科——敦煌学。1961 年，莫高窟被国务院公布为第一批全国重点文物保护单位之一。1987 年 12 月，莫高窟被列为世界文化遗产（符合联合国教科文组织世界遗产中心对文化遗产的全六条评价标准）。敦煌莫高窟洞窟空间普遍狭小，在有壁画和彩塑的 492 个洞窟中，面积在 100 平方米以上的大型洞窟仅 18 个，50~100 平方米的洞窟 21 个，25~50 平方米的洞窟 41 个，10~25 平方米的洞窟 123 个，10 平方米以下的洞窟 289 个。洞窟内的壁画和彩塑由颜料、泥土、麦草和木材等材料制作而成，十分脆弱。人为活动对文物的保护影响极大。同时，敦煌莫高窟具有突出的价值，是全球旅游的热点。自 1979 年莫高窟对外开放以来，游客数量持续增长。国庆黄金周游客峰值可达到每天 1.8 万人次。旺季游客的过于集中，导致游客参观质量和参观满意度极大地降低，也致使洞窟环境质量指标严重超标与敦煌研究院讲解接待超负荷运转，给洞窟保护开放带来极大压力和安全威胁。

物理：2001 年起，在国家文物局支持下，敦煌研究院和美国盖蒂保护研究所合作开展了"莫高窟游客承载量研究"，采用国际领先方法，结合敦煌实际情况，计算出日承载量约 3000 人次。

法理：甘肃省人大制定了《甘肃敦煌莫高窟保护条例》，规定"敦煌莫高窟保护管理机构应当科学确定莫高窟旅游环境容量"。甘肃省人民政府批准了《敦煌莫高窟保护总体规划（2006~2025）》，明确了日参观游客的最大数量。

创新点：为了使游客全方位体验莫高窟的精美艺术，建设了莫高窟数字展示中心。通过现代数字展示手段，实现在洞窟外展示洞窟内精美艺术，合理分散游客流量的目标。中心建成后，游客通过观看高清数字电影，可身临其境地获得真切的艺术感受，了解更加丰富的文化信息，也可使莫高窟日游客接待量增加一倍，达到6000人次。

创新利用历史文化名城

山西祁县法国开发署项目对文物与新型城镇化相结合的综合利用：祁县是国家历史文化名城，文化遗产分布集中，保存状况良好。祁县通过法国开发署项目，引进法国的资金和遗产保护方面的技术，确立以人为本、尊重自然、传承文化、绿色低碳的新型城镇化理念，探索历史文化名城实施新型城镇化的新路径，积极推进基础设施建设和古建保护修缮相对接，古城保护与民生改善相融合，努力建设宜居、宜商、宜游的文化古城。

山西平遥国际电影展将古城发展成多功能综合利用平台：规模较大的不可移动文物可以发展为多功能城市平台[①]。平遥古城是世界遗产、国家历史文化名城。2017年平遥国际电影展为这座古城带来了新的生机。平遥国际电影展由山西电影工作者贾樟柯发起创立。2017年10月28日到11月4日期间，首届平遥国际电影展在拥有2700年历史的中国山西平遥古城举办。在拥有2700年历史的平遥古城，形成非西方电影与西方电影的对话，产生历史与当下的碰撞，既为古城增加了活力，也为中国电影产业的发展增添了一份力量。这样的利用，实际上使古城成为文化活动中不可替代的地方性竞争要素。

---

① 理论化的叙述和分析参见2016~2017年蓝皮书主题报告第一章第2节和技术报告第三章。

三 动力机制——形成新时代文物保护利用的合力

近年来，文物的保护利用发展迅速、形式多样。这既是社会整体发展与文化遗产事业的互动，也是文化遗产事业对社会发展不可替代贡献的显性化。新时代文物保护利用之路的前进动力主要来自三个方面：**新利用方式**、**新利益结构**和**新体制机制**。

（一）新利用方式

专栏 1-1 便是用举例的方式展现的新利用思路。文物系统必须做到自觉主动地"发明"新的利用思路：自觉是指认识清楚国内外文化遗产事业的形势；主动是指主动做到改革，主动做好协调工作。过去，社会各界（包括文物系统）对以文物为主体的资源的利用，主要是基于文物本体的消耗性或低层次利用，大众观光旅游乃至直接将古建筑转化为不适当的商业利用场所等都属于这种情况。在这种利用思路下，很多地方存在急功近利的问题，易于降低对不可再生的文物资源的保护要求以获得经济效益的最大化。很多地方还经常出现"让文物腾地"的"灭绝"性利用方式——城市化或新农村建设中都出现过。如果是传统的利用方式，这些问题很难解决，更难根治，这是因为其实现不了以下两个方面：①对文物主要是非消耗性利用；②保护中的限制点能转化为相关商品的增值点，且保护的成果能惠及广大群众。而专栏 1-1 中的利用方式可使这两个方面都有望实现。例如，"十二五"期间文博单位在文化创意产品相关产业发展上的自觉主动成效明显，主观努力（改革）和客观效果（产品）全面显现，从而带动了相关产业的发展：通过对文物内涵的提炼与升华，并结合当代人的兴趣爱好，凝结而成的一些工艺品，不仅能够宣传文物的相关文化内涵，利于各个年龄段和拥有不同文化背景的人接受，而且易于在不影响文物保护的情况下产生效益，也为社会资本参与提供途径，最终在宣传教育和经济收益上取得双重的效果。再以古城保护为例，成功的古城保护可以使城市以文化遗产资源为特色，在产业发展、基础设施、公共服务及就业上都体现出非消耗性的"古为今用"，古城中较大规模的文化遗产还能打造为城市多功能服务平台，首先可为市民服务（而非既往按景区建设思路主要为游客服务），还可以作为历史学习、文化宣传、休闲运动、民俗体验及生态保护的根据地[①]，形成有特色的"城市客厅"，从而真正使文物在经济社会发展中全面"活起来""会说话"。

（二）新利益结构

在传统的文物保护中，只有文物的所有者以及管理者才能直接获益，社区和社区居民较少获益。在新时代，要正确认识国家治理体系创新背景下文化遗产保护中的新利益结构："发挥政府主导作用，鼓励和支持社会各方面参与，实现政府治理和社会自我调节、居民自治良性互动。"文物保护和利用应该是互利共赢、共同发展的。其中，政府部门的作用需要逐步改变，它不再是文物保护的唯一主体，社区和新生的社会力量也有必要考虑其中（比如非政府组织甚至民间草根组织）。另外，多元协商的网络型治理结构正在形成，文化遗产保护中权力运行的方向也由单向向双向、多向转变。而公共事务的复杂性以及社会民间力量的崛起，倒逼政府部门重新定位并对多元主体角色功能进行重新分配，即从公共治理角度看已逐渐出现多中心的利益结构。这样的情况其实已经体现在某些文件中。比如，2017 年 11 月 6日，国家文物局印发《文物建筑开放导则（试行）》，鼓励所有文物建筑采取不同形式对公众开放，强调文物建筑开放使用的社会性和公益性，其要以服务公众为出发点，具备社区服务、文化展示、参观游览、经营服务、公益办公等五大主要功能。

因此，要强化文物的保护利用，不仅需要技术路线创新，还需要构建新的利益结构。在这样的结构下，管理者不能仅关注文物本身带来的利益，还需动员社区参与保护，使其能参与到文物以及相关产品和服务的价值实现过

---

① 具体参见 2016～2017 年蓝皮书主题报告第三章，其中详述了这些新的利用思路。

程中。2015～2016年蓝皮书中分析了西咸新区秦汉新城的案例，其文物保护利用的技术路线创新就在于形成了新利益结构：302平方公里的区划面积中，超过三分之一的面积属于保护范围，传统产业的发展只会对遗址造成破坏。秦汉新城在"先知禁区"的基础上创新发展的技术路线，推动遗址区向国家公园、向具有文化特色的国家级新区、向城市副中心转化，实现"再造新区"的目标。这些转化实质上是文化遗产利用方式的创新和相关产品价值的实现。国家公园产品品牌增值体系建设，也给了这些地区新的利用方式。将来要打造国家公园的自然和文化混合型遗产区，可通过国家公园品牌增值体系建设，通过在遗址区及周边社区推广有机农业、推广特色产品的生产以及发展民宿产业等，并为产品搭建完整的产业链和配套制度。这样，遗址周边良好的资源环境优势就可能转化为产品品质的优势，并通过品牌平台固化，最终体现为产品价格和销量的优势，从而将绿水青山转化为金山银山。新利益结构的背景是治理结构的多元化。最核心的一点就是借助利益共享机制（生态补偿机制等），使当地的居民和企业能参与利用。以大遗址为例，最终使居民和企业可以参与政府部门的文物保护，为利用和宣传工作提供辅助，也能充实成员自身的生活，增加其知识和社交能力，使其获得经济收益。

（三）新体制机制

文物保护利用的推进从根本上需要制度上的支持和协调，如**制度机制**、**人力资源机制**、**激励机制**、**资金机制**。其中人力资源机制包括人才培养和培训、人员联动等。具体如《国务院关于进一步加强文物工作的指导意见》所阐述的，加快文博领军人才、科技人才、技能人才、复合型管理人才培养；组织高等院校、科研院所以及文物大省的专业人才，实施保护项目与人才培养联动战略；加快文物保护修复、水下考古、展览策划、法律政策研究等紧缺人才培养；重视民间匠人传统技艺的挖掘、保护与传承；加强县级文物行政执法、保护修复等急需人才培训，适当提高市县文博单位中高级专业技术人员比例；加大非国有博物馆管理人员、专业人员培训力度，完善文物保护专业技术人员评价制度；加强高等院校、职业学校文物保护相关学科建设和专业设置。

以海龙屯世界遗产为例。海龙屯土司遗址位于贵州省遵义市汇川区高坪镇海龙屯村。在《文物保护法》及其《实施条例》等文物保护法律法规体系下，依托中国文物行政管理机制，与现行管理层级结合，对海龙屯实行分级负责、属地管理的保护管理制度。在**制度机制**上，受《世界文化遗产保护管理办法》（2006）、《中国世界文化遗产监测巡视监管办法》（2006）等部门规章及规范性文件的保护。该世界遗产名义上由国家文物局、贵州省文化厅、遵义市文广局与汇川区文广局管辖，管辖范围包括海龙屯遗产区（核心区）与缓冲区，总面积1288.21公顷。地方文物行政部门负责行政区域的文物保护工作，海龙屯文化遗产管理局负责具体工作。在**人力资源机制**创新方面有以下举措：海龙屯遗产保护和管理工作人员接受文物系统的专业培训，他们通过日常学习、定期培训、脱产学习等方式接受岗位培训和业务技术培训，逐渐形成了专业、全面的管理技术队伍。在**激励机制**创新方面，遵义市制定的《海龙屯管理办法》第八条明确提出："对在海龙屯保护管理工作中做出卓越成绩的单位和个人，应给予表彰、奖励。"该激励机制鼓励文物系统相关人员自觉、积极地参与到遗产保护中去。在**资金机制**创新方面，"十二五"以后，PPP模式①获得快速发展。同时，新资金机制的引入（如PPP的新利用方式）会与城乡经济社会发展关联更为紧密，也更容易获得文物系统之外的资金支持，获得低成本的、资金回报周期较长的建设资金。遵义市汇川区人民政府根据相关法律法规全面负责海龙屯的保护管理工作，在实现海龙屯遗址文物保护的同时，充分发掘海龙屯及其周边旅游资源的历史文化价值和旅游产业价值，带动地方经济发展，采用PPP模式，选择传奇文化发展有限公司作为合作方，共同对海龙屯以及周边旅游资源进行整体规划和开发。

只有探索新利用思路、建立新利益结构和形成新体制机制，才能让文物

---

① PPP（Public-Private Partnership）模式，指政府和社会资本合作模式。

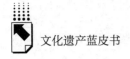

保护利用中各利益相关方主动合作，形成利益共同体，实现新时代文物保护利用的全社会合作、全方位创新，走出文物保护利用的新路。第三章将详细论述政府主导下的全社会合作、全方位创新。

（本章初稿执笔：苏杨、张颖岚、王茜、白海峰、卓杰、任舫）

B.2
第二章
文物保护利用现状、问题及制度成因

本章要点:

1. 文物工作在保护方面的成果可以总结为保护范围扩大、保护力度加强、保护制度完善三个方面,在利用方面是社会效益全面且在经济上不是财政的包袱,但按高质量发展要求来看,保护不到位和利用不合理仍是普遍现象,尤其保护工作的不平衡现象突出。

2. 保护不到位,既有相关制度没有充分体现"文物保护也是政绩"的原因——领导干部层面无心、各方面难以形成保护文物的合力,也有文物系统有心无力的制度成因——"权、钱"相关制度没有配置到位。

3. 制度掣肘中包括影响文物保护范围和力度的制度、影响文物利用总量和效率的制度,尤其是规划机制、资源产权制度、补偿制度、领导干部绩效考核和问责机制等。

改革开放四十年来,中国的经济发展经历了几个阶段的变化:从具有帕累托改进效应的农村家庭联产承包责任制改革引发全面的经济增长,到分税制改革和企业改革促成高速经济增长和中央政府财力大增,再到党的十八大以后进入生态文明新时代、党的十九大报告中强调高质量发展①……在高速发展阶段,处理经济发展与文物保护的矛盾是文物工作的主旋律,世界各国

---

① 党的十九大报告指出,"我国经济已由高速增长阶段转向高质量发展阶段,正处在转变发展方式、优化经济结构、转换增长动力的攻关期"。

概莫能外①。在中央明确提出"高质量发展"后，处理经济发展与文物保护的矛盾、处理文物保护与利用的关系就进入了新时代。在新时代，要闯出并走好符合国情的文物保护利用之路，在探明方向后，还要明晰起点、既有路径和历史包袱，才可能在大方向指引下选准道路、放下包袱、实现新旧动能转换。这就需要客观评估保护和利用现状，并分析在保护和利用方面工作不足的制度成因，然后通过全面系统的体制机制改革获得新动能、走好新道路。

客观而言，文物保护和利用之间至少是皮毛关系："皮之不存，毛将焉附"和"无毛不成衣"。过去的文物工作强调保护，是因为当时的形势是"抢救第一"，但文物不通过利用这个环节是无法全面体现其价值的。正如李瑞环同志所言："从某种意义上说，利用是保护的最终目的。"② 第一本文化遗产蓝皮书在前言中就开宗明义地指出文化遗产事业的最终目的是对物质文化遗产和非物质文化遗产进行可持续利用。如果不利用，不仅可能造成财政资金的巨大浪费③，还会让文物保护的成果难以惠及全民，进而可能难以形成全社会保护文物的共识。

按中央在十九大报告中的表述口径，这项事业目前的主要矛盾可比照概括为"人民对美好生活的需要与文化遗产事业发展不充分不平衡的矛盾"。从第三方的角度看这个矛盾，主要就是看文物系统的保护和利用工作，看文物系统的保护利用与经济社会发展的关系，而非仅关注保护和利用的具体工作情况，主要看保护和利用方面问题的制度成因，而非简单看工作中的具体不足。只有这样，才可能从宏观的制度供给方面提出成龙配套的体制机制改革创新措施，使文物系统在解决既有的保护利用问题时不仅能获得"权、钱"相关的制度支持从而有心有力，还可以获得本系统之外做好保护和利用工作的合力。

---

① 可参见附件：平衡保护与利用关系、形成"共抓大保护"机制的法国经验及其对适合国情的文物保护利用之路的启示。

② 1995年9月，在西安召开的全国文物工作会议，明确提出了"有效保护、合理利用、加强管理"的原则，将"合理利用"作为文物工作原则之一。时任中共中央政治局常委李瑞环提出"文物也要充分地、科学地利用，从某种意义上说，利用是保护的最终目的"。

③ 例如，用数以十亿元计的中央财政专项资金修缮完毕的晋东南古建筑群，在教育、科研、经济等方面都未发挥其应有的功能，其重要价值难以体现。

一　保护现状

"十五"以来，随着国家财力的增强和发展观的转变，文物工作受到的重视呈现"跨越式提高"的势头。这从国家对文物投入的财政性经费十多年就增长百倍以上可"窥斑见豹"。尤其党的十八大以来，中国对文物工作的重视前所未有，各级政府对文物工作的支持力度持续加大，依法保护文物的意识明显增强，文物保护状况有效改善，文物的价值和作用得到广泛认同，初步形成了政府主导、部门协作、社会参与的文物保护局面①。回顾历年文化遗产蓝皮书并结合基于文物的普查和相关文件②，可以将**中国文物保护工作的成效总结为保护范围扩大、保护力度加强、保护制度完善三个方面**。

（一）保护范围扩大

保护范围的扩大，**最主要的特征是文物数量的扩大**。中国迄今实施了三次不可移动文物普查和一次可移动文物普查，中间还有若干大规模的抽样调查。第一次全国文物普查从 1956 年开始，普查规模小、不规范，没有留下统计数据。第二次全国文物普查自 1981 年秋至 1985 年，其规模和成果均超过第一次，但受资金、技术等制约，仍然有漏查。第三次全国文物普查自 2007 年 6 月至 2011 年 12 月。与前两次普查相比，此次普查规模大、涵盖内容丰富，信息网络、数码相机、卫星定位仪等现代科技手段运用其中。这次普查可以比较清楚地反映保护现状，获得了不可移动文物的基础信息和翔实数据，摸清了全国文物的家底，包括总量、分布、类型、年代、所有权、使

---

① 普查、抽样调查、列入管理体系（如不可移动文物的文物保护单位、可移动文物的定级和收藏入博物馆、文物认定等）。按照 17 号文的描述："全社会保护文物的意识逐渐增强，文物保护基础工作不断夯实，资源状况基本摸清，保护经费和保护力量持续增长，保护状况明显改善，博物馆建设步伐加快，公共文化服务水平稳步提高，文物利用的广度深度不断拓展，文物拍卖市场管理逐步规范，文物对外交流合作日益扩大，文物事业呈现出前所未有的良好态势。"

② 第一次全国可移动文物普查工作报告和数据报告，国家文物局。

用情况、人文环境、自然环境、保护级别、保护状况、破坏因素等。统计显示有 766722 处不可移动文物，古文化遗址 193282 处，古墓葬 139458 处，古建筑 263885 处，石窟寺及石刻 24422 处，近代现代文物（包括近现代遗址、墓葬、建筑及园林和石窟寺）141449 处。新发现一批重要文物——各级普查机构通过实地走访、上门调查、重点认定等方式，加大了对新发现文物资源的梳理调查和登记，全国新发现新认定文物共 7084149 件/套。仅北京地区就新登记收藏单位 222 家，新发现新认定文物 2884873 件/套。在新发现和登记的文物中，有较大比例的工业遗产、乡土建筑、20 世纪遗产、文化景观等一批新型文化遗产。

另外，"十二五"期间，中国完成了第一次全国可移动文物普查工作，全面掌握了现存国有可移动文物的数量分布、保存状况、保管权属和使用管理等情况①。各级地方政府以县域为单元，对行政区域内文物资源进行普查登记，全面掌握文物资源状况、收藏单位数量和行业分布，建立了各级文物资源目录和文物资源地图。

目前，中国的文物资源状况如表 2-1 所示。

表 2-1　基于文物普查的文物资源国情

类型	普查结果
可移动文物	全国可移动文物共计 10815 万件/套。其中完成登录备案的国有可移动文物 2661 万件/套（实际数量 6407 万件/套），纳入普查统计的各级档案机构的纸质历史档案 8154 万卷/件
不可移动文物	不可移动文物 766722 处，文物藏品 4138.9 万件/套；全国重点文物保护单位 4296 处

---

① 第一次全国可移动文物普查把全国公立机构（文博单位为主）的藏品进行了全覆盖的盘点，不仅盘点了数量（如北京 1162 万件、陕西 775 万件、山东 558 万件、河南 478 万件、山西 322 万件），还盘点了级别［博物馆里的文物分为一般文物和珍贵文物。平均每 17 件文物中，能产生一件珍贵文物。珍贵文物还要进一步评级，分为一级文物、二级文物和三级文物。平均每 18 件珍贵文物中，才能产生一件一级文物。在国家文物局的禁止出国（境）展览文物名单上，有 195 件/套（即平均每 1123 件一级文物中，才能产生一件这样的文物（可称为极品）。在极品中，北京有 69 件/套，陕西有 23 件/套，湖南有 12 件/套）］。

另外，保护范围的扩大还表现在保护类型、形态、要素、空间和时间尺度等的变化上。这些变化充分反映了文物的完整性、真实性，使得多元价值更全面体现。具体体现为以下四个方面。

①保护类型和形态的拓展。从重视古迹、遗址等"静态遗产"的保护，向同时重视仍保持着原初或历史过程中使用功能的民居①、历史文化街区、村镇、工业遗产和农业遗产等"动态遗产"和"活态遗产"的保护方向发展。还有形态和价值都独特的文化景观，如红河哈尼梯田，就是最具有代表性的集中连片分布的水稻梯田及其所遗存的水源林、灌溉系统、民族村寨。这些遗产元素反映了红河哈尼梯田所展现的生产生活方式，见证了人与自然的和谐相处。这种模式为中国文化与自然嵌合的多样化提供了新思路，同时也将文物的保护从对本体的重视扩大到其所在的自然环境，为文化遗产的完整性和真实性保护与利用提供了可持续的空间和时间。保护类型的拓宽还体现在其他形式的文化遗产也被纳入制度化的保护中，其中包括农业系统的农业文化遗产②和水利系统的灌溉遗产等。

②保护要素的增加和统筹。从重视单一文化要素的保护，向同时重视由文化要素与自然要素相互作用而形成的综合要素的保护方向发展。例如，武夷山这样的具有文化和自然复合特征的"混合遗产"，在被列入国家公园体制试点区后，更强调了管理体制的统一、规范、高效，在世界遗产范围拓展至江西武夷山范围后开始了跨省统一管理的尝试；湖南紫鹊界梯田在被列为

---

① 从重视重要史迹及代表性建筑发展到也重视反映普通民众生活方式的"民间文化遗产"。例如，北京四合院等具有一定经济价值和代表地域性文化特色的传统民居。

② 农业部在2013年5月公布了19个传统农业系统为第一批中国重要农业文化遗产，包括传统漏斗架葡萄栽培体系——河北宣化传统葡萄园、世界旱作农业源头——内蒙古敖汉旱作农业系统、南果梨母株所在地——辽宁鞍山南果梨栽培系统等不同农业类型的文化遗产。这些农业文化遗产类别不仅是中国古老农业文明的见证与核心，也具有现代产业价值。为此，农业部先后制定出台了《中国重要农业文化遗产认定标准》和《中国重要农业文化遗产管理办法（试行）》等有关标准和管理制度。

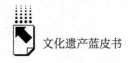

世界灌溉工程遗产、全球重要农业文化遗产①后，在管理上逐步实现了山水林田湖草和文化的一体化管理，使文化要素的管理和自然要素的管理得以统筹。

③保护空间尺度的拓展。从重视文化遗产"点""线""面"的保护，向同时重视因历史和自然相关性而构成的"大型文化遗产"和"线性文化遗产"等文化遗产群体的保护方向发展。同时文化遗产的保护尺度变化也向国际接轨。19 项线性文化遗产和以 150 处大遗址为支撑的大遗址保护格局基本形成，24 个国家考古遗址公园建成开放②。为当时经济发展和文化交流做出特别贡献的大型线性文化和自然遗产，需要联合国国际力量予以保护，以达到其遗产的完整性、真实性及普遍性。2014 年 6 月，中、哈、吉三国联合申报的陆上丝绸之路的东端"丝绸之路；长安－天山廊道的路网"成功申报为世界文化遗产，成为首例跨国合作而成功申遗的项目，为中华文明的发展、传播及与他国文化互动的交流提供了保障和见证。

④保护时间尺度的拓展。从重视"古代文物""近代史迹"的保护，向同时重视"20 世纪遗产""当代遗产"的保护方向发展。例如，奥运建筑等造就于特定时期、特定环境下，代表现代高端科学技术发展和特定历史发展的现代大型遗产，对新中国意义非凡。

---

① 湖南新化紫鹊界梯田自 2013 年 5 月成为中国首批 19 个重要农业文化遗产之一，是南方稻作文化与苗瑶山地渔猎文化融合的历史文化遗存，其耕作方式和利用山泉天然的灌溉系统在稻作文化中亦很独特。2014 年 9 月 16 日，在韩国光州举行的第 22 届国际灌溉排水大会暨国际灌溉排水委员会（ICID）第 65 届国际执行理事会上，紫鹊界梯田以新化水利灌溉工程的名义被授牌列入首批世界灌溉工程遗产名录。2018 年 4 月 19 日，联合国粮农组织总部授予包括湖南新化紫鹊界梯田在内的中国南方稻作梯田等 4 个中国项目"全球重要农业文化遗产"称号。

② "考古中国"重大研究工程：以良渚等遗址为重点，深入研究展现早期中华文明的多元一体格局；以殷墟等遗址为重点，深化夏商周考古工作，揭示早期中国整体面貌；以河套地区聚落与社会、长江中上游文明进程、长江下游区域文明模式研究为重点，推进区域文明化进程研究。实施良渚、殷墟、石峁、二里头、三星堆、秦始皇陵、景德镇御窑、圆明园等遗址展示提升工程；建成一批遗址博物馆和国家考古遗址公园。

（二）保护力度加强

保护力度加强主要体现在两个方面：保护队伍的扩大和能力增强；保护资金的增长（包括重大工程项目设置）。概括来说，就是各级政府给予了做好一线工作最重要的人、财支持，这使文物系统多年面临的"权、钱"方面的约束[1]得到部分缓解。

首先，各级政府对文化遗产的保护力度近年来不断加强，尤其是编制部门的支持力度。中国文物保护机构数量实现显著增长，"十二五"期间年均涨幅达到9%左右，专业队伍也逐渐完善。即便行政人员的数量被严格控制，一些地方文物部门的公务员编制也有明显的增长[2]。这充分体现了中央和各级政府主要领导对文物工作在新时代日益增长且不可或缺作用的认识。

其次，各级政府尤其中央政府对文物保护的投入大幅提高。仅"十二五"期间，全国一般公共预算文物支出累计1404.13亿元，年均增长16.51%，其中中央财政文物支出累计607.1亿元，年均增长17.12%，实施各类文物保护项目超过20000个，还设立了国家重点文物保护专项补助资金，有效地开展了重点文物保护抢救工程，保护了一大批珍贵文物[3]。

这些资金主要投在相应的项目工程上，如表2-2所示。

表2-2　近年来国家开展的规模较大的文物保护工作

保护对象	保护资金投入
大遗址	"十二五"期间，由100处扩大为150处，国保单位总数翻番，达到4296处 专项补助资金规模由2012年的55亿元增加到2015年的75亿元，2013~2015年总共补助220亿元

[1]　指文物部门不仅权利有限，而且保护利用的人员不够，且人头保障费和项目费的资金远远满足不了现实需要。

[2]　例如，北京市文物局的行政编制人员数，2017年突破了100人。

[3]　主要支持全国重点文物保护单位保护、大遗址保护、世界文化遗产保护、可移动文物保护等领域。

续表

保护对象	保护资金投入
传统村落	2014 年 4 月,《关于切实加强中国传统村落保护的指导意见》印发,公布了三批 2555 个中国传统村落;从 2014 年起,中央财政设立国家重点文物保护、国家非物质文化遗产保护、公共文化服务体系建设等 5 个专项资金,中央财政自 2014 年迄今安排资金超过 100 亿元,支持了上千个传统村落的保护
博物馆	截至 2017 年底,免费开放博物馆数量为 3393 家,占全国博物馆数量的 80% 以上,中央财政补助博物馆免费开放资金累计超过 400 亿元。博物馆参观人次数在 2017 年已近 7 亿,仅次于美国
珍贵可移动文物（征集）	征集商代"子龙"鼎等重要文物 1 万余件。成功开展多次影响较大的文物追索行动,追回流失境外中国文物 3000 余件

为支持文物保护,财政部从 2013 年起,整合多个文物保护经费项目,设立国家重点文物保护专项补助资金,资金规模由 2012 年的 55 亿元增加到 2015 年的 75 亿元;2013～2015 年,共安排补助资金 220 亿元[1];在传统村落保护上,通过统筹整合相关财政资金,有效加大了对传统村落的保护力度,提高了相关资金使用的整体效益[2];为全面推进对口援疆、援藏文物保护规划和重点工程,中央财政"十二五"期间累计投入 28 亿元,对口支援省份"十二五"期间累计投入 1.5 亿元,抢救、维修、保护了一批珍贵的民族文化遗产,为促进少数民族地区文化繁荣和地区经济社会发展发挥了重要作用。同时,中央财政专项资金对 1822 个免费开放博物馆累计补助 205 亿元。该举措有效提高了博物馆、纪念馆展陈数量质量和服务水平,有力促进了文物保护与利用相结合,发挥了文物资源的社会教育

---

[1] 2013 年,财政部整合国家重点文物保护专项补助经费、大遗址保护专项经费等中央财政文物保护经费项目,设立了国家重点文物保护专项补助资金,主要支持全国重点文物保护单位保护、大遗址保护、世界文化遗产保护、可移动文物保护等领域。专项补助资金规模由 2012 年的 55 亿元增加到 2015 年的 75 亿元,2013～2015 年总共补助 220 亿元。

[2] 2014 年 4 月,《关于切实加强中国传统村落保护的指导意见》印发,公布了三批 2555 个中国传统村落。从 2014 年起,中央财政统筹整合农村节能减排、农村综合改革、国家重点文物保护、国家非物质文化遗产保护、公共文化服务体系建设等 5 个专项资金,在不改变资金原有使用和管理方式的前提下,支持纳入《中国传统村落名录》的村落实施防灾减灾设施建设、历史环境要素修复、卫生等基础设施完善、公共环境整治、文物保护、国家级非物质文化遗产代表性项目保护等基础性、公益性工作。

功能。

在重大保护工程项目设置上，成就颇多[①]：如执行长城保护计划；探索革命文物保护利用工程；进行西部地区石窟保护展示工程；开展古建筑和传统村落保护工程；实施近现代代表性建筑保护展示提升工程；制定近现代文物建筑保护利用导则和养护规程；实施上海、广州、青岛等近现代文物建筑综合保护和京张铁路、中东铁路历史建筑整体保护工程；基本完成全国重点文物保护单位中工业遗产、名人故居保护修缮项目。另外，文物平安工程也明显增多，如实施全国重点文物保护单位中高风险古遗址、古墓葬、石窟寺防盗技术设施建设，高风险古城镇、传统村落、古建筑群防火技术设施建设和高风险古建筑防雷技术设施建设。

另外，中国已与 14 个国家签署了关于防止盗窃、盗掘和非法进出境的文化财产协定或谅解备忘，开展了柬埔寨吴哥窟、蒙古国博格达汗宫保护维修和肯尼亚合作考古、研究等项目。

与中央财政投入大幅增长伴随的，是各地文物财政投入的显著增长。以全国不可移动文物数量最多的山西省为例，"十二五"期间，中央财政累计投入山西文物保护专项资金 22.2 亿元，较"十一五"时期增长 4.08 倍；山西省本级文物保护专项资金由 2011 年的 0.33 亿元增加到 2015 年的 1.3 亿元，增长 2.94 倍。

（三）保护制度完善

这既可以从法律法规的制定上看出，也可以从中央领导的指示和中央专门文件的发布上看出——这更直接地体现了中央政府的重视和制度建设的全面系统。

[①] 例如，西藏布达拉宫、罗布林卡、萨迦寺三大重点文物保护主体修缮工程竣工，并启动西藏"十二五"重点文物保护工程。开展山西南部早期建筑、涉台文物、鸡鸣驿城、承德避暑山庄和外八庙等重点文物维修保护工程。灾后文物抢救保护有序开展。文物保护被纳入《汶川地震灾后恢复重建条例》。积极开展藏羌民族文化遗产的保护。建设茂县羌族博物馆新馆、北川羌族民俗博物馆。世界文化遗产都江堰古建筑群灾后抢救保护工程竣工。

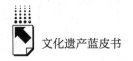

1. 中央领导的指示和中央文件的发布

党的十八大以来，习近平总书记对文物工作做出系列重要指示，明确要求系统梳理传统文化资源，"让文物活起来"，为当前和今后一个时期的文物事业发展指明了方向和路径。总书记的指示和相关文件的整理如表 2-3、表 2-4 所示（收录不完全）。

从总书记的指示和相关文件可以看出，保护为主是文物工作的主旋律，安全是文物工作的底线、红线、生命线。国务院办公厅制定了《国务院办公厅关于进一步加强文物安全工作的实施意见》（国办发〔2017〕81 号），要求树立保护文物也是政绩的科学理念，严格落实文物安全保护责任，严密安保措施，严防监管漏洞，严打文物犯罪，严肃问责追责，坚决筑牢文物安全防线。全国层面应形成"党委统一领导、政府属地管理、相关部门依法监管、单位全面负责、职工积极参与、社会支持监督"的局面，确保不发生重特大文物火灾和文物安全责任事故，不发生规模性盗窃盗掘等文物犯罪活动，不发生重大法人违法行为。国家将一批文物领域重大项目、重大工程、重大政策纳入"十三五"国家规划及专项规划，对新时期文物工作进行全面部署。全国人大常委会修改《文物保护法》条款，地方人大相继出台文物领域地方性法规。另外，湖北省文物局在 2017 年 3 月，印发《湖北省文物事业发展"十三五"规划》，强调"一元多层次"战略、"两圈一带"战略，抢抓习近平总书记视察湖北提出的"建成支点、走在前列"发展目标的机遇。山东省文化厅印发《山东省"十三五"时期古迹保护工作规划（2016~2020)》，着力完善对于全省公共图书馆、博物馆和教育、宗教、文物等系统古籍收藏和保护状况的普查工作，建立《山东省古籍普查登记目录》《山东省古籍联合目录》，同时建成山东省古籍数字图书馆，加强古籍保护从业人员的培训，并在管理与宣传上均做了明确指示。这些制度保障全面提升了中国文物保护管理水平。

2. 保护制度建设取得诸多进展

保护制度的完善，从多方面体制机制的完善中体现出来。

表2-3　党的十八大以来习近平总书记针对文物系统工作指导意见梳理

时间	内容	意义
2013.8	"充分肯定近年来正定古城保护工作。要继续做好这项工作,要坚持正确的古城保护理念,即切实保护好其历史文化价值。"(在关于河北正定古城情况的报告上做出重要批示)	强化文物所在环境对于文物保护的重要性
2013.12	"让收藏在禁宫里的文物,陈列在广阔大地上的遗产,书写在古籍里的文字都活起来。"(在主持中共中央政治局第十二次集体学习时发表讲话)	推动文物在保护的基础上合理利用,并服务于公众
2014.2	"历史文化是城市的灵魂,要像爱惜自己的生命一样保护好历史文化遗产。"(在北京市考察工作)	强调文化遗产与个人价值的切身性
2014.3	"每一种文明延续着一个国家和民族的精神血脉,既需要薪火相传、代代守护,更需要与时俱进、勇于创新。"(在巴黎联合国教科文组织总部发表演讲)	强调文化在国际舞台上的软实力及文化自信的重要性,以及对"国运兴,文化兴"的时代解读
2014.5	"中华文化崇尚和谐,中国'和'文化源远流长,蕴含着天人合一的宇宙观、协和万邦的国际观、和而不同的社会观、人心和善的道德观。"(在中国国际友好大会暨中国人民对外友好协会成立60周年纪念活动上的讲话)	强调中国天人合一的哲学观,以及悠久深厚的文化底蕴,以增强中国在国际社会上的文化自信
2014.9	"优秀传统文化是一个国家,一个民族传承和发展的根本,如果丢掉了,就割断了精神命脉。"(在孔子诞辰2565周年国际学术研讨会暨国际儒学联合会第五届会员大会开幕会上的讲话)	强调儒学对中国文化体系的重要性,及其对中国文化事业发展起到传承上启下之作用
2014.10	"以古人之规矩,开自己之生面,实现中华文化的创造性转化和创新性发展。"(在北京主持召开文艺工作座谈会)	强调对文化继承与发扬,合理利用及创新的时代要求
2014.10	"这次展览……从多个侧面展示中国汉代多姿多彩的社会风貌,传递中华民族不断进行文明创造的智慧结晶。"(为法国国立吉美亚洲艺术博物馆"汉风——中国汉代文物展"题写序言)	强调中国文化的多元性、丰富性

续表

时间	内容	意义
2014.12	"中华民族在几千年历史中创造和延续的中华优秀传统文化,是中华民族的根和魂。"(在澳门回归15周年大会暨澳门特别行政区第四届政府就职典礼上的讲话)	强调文化遗产对中华民族的影响具有时间维度的纵深性,也具有空间维度的横向性
2015.2	"一个博物院就是一所大学校。要把凝聚着中华民族传统文化的文物保护好、管理好。"(在陕西省西安市调研)	强调博物馆不仅是文物的收纳所,也是文物传递文化的大课堂,其受众是公众
2015.11	"要增强城市宜居性,引导调控城市规模,优化城市空间布局,加强市政基础设施建设,保护历史文化遗产。"(中央财经领导小组第十一次会议)	强调城市规划,环境对于文物完整性与真实性的基础作用
2016.4	对文物工作做出重要指示:"文物承载灿烂文明,传承历史文化,维系民族精神,是老祖宗留给我们的宝贵遗产,是加强社会主义精神文明建设的深厚滋养,保护文物功在当代,利在千秋。"	强调文物保护利用是有代际关系的,且须将文物工作做成一项可持续发展的具有社会效益的事业
2017.2	"通州有不少历史文化遗产,要古为今用,深入挖掘以大运河为核心的历史文化资源。"(在北京市考察城市规划和冬奥会筹办工作,视察大运河森林公园)	突出文物保护要由"点"及"面",在注重文化遗产完整性、真实性的同时,也要注重其社会效益
2017.4	"博物馆建设不要'千馆一面',不要追求形式上的大而全,展出的内容要突出特色。"(广西壮族自治区考察调研,首站北海市)	强调博物馆要有自己的特色,并深入挖掘博物馆所在地独特的文化价值和文物内涵
2017.9	"这些工艺工师现在做的事情就跟绣花一样,但她们绣花是在石头上而不是丝绸上。"(同俄罗斯总统普京共同参观闽南非物质文化遗产展影雕工艺展览)	强调中国非物质文化遗产的独特性、多样性及创新性
2017.10	"推动文化事业和文化产业发展。满足人民过上美好生活的新期待,必须提供丰富的精神食粮。要深化文化体制改革,完善文化管理体制,加快构建把社会效益放在首位、社会效益和经济效益相统一的体制机制。加强文物保护利用和文化遗产保护传承。"(党的十九大报告)	主要矛盾已经转化为人民日益增长的美好生活需要和不平衡不充分发展之间的矛盾。强调使文物保护惠及人民,提高人民的文物保护意识,增强民族文化自豪感

表 2－4　近年来国家层面文物保护和利用相关制度建设情况

时间	制度建设的具体形式			有创新意义的要点
	法规、规章、管理办法	文件或规划	技术标准	
2012	《大运河遗产保护管理办法》			包括各类伴生历史遗存,历史街区村镇,以及相关联的环境景观……大运河遗产保护实行统一规划,分级负责,分段管理,坚持真实性、完整性,延续性原则
2012		《国务院关于进一步做好旅游等开发建设活动中文物保护工作的意见》		既要保证文物的安全,又要有效利用文物资源……为国家所有的不可移动文物,任何人不得转让、抵押……要求各级人民政府加大对文物保护的能力及财力投入,积极规范文物旅游管理与监管措施
2014.8			《工业遗产保护利用导则(征求意见稿)》	工业遗产是文化遗产的重要组成……从认定、保护、确权、利用、管理五个方面加强对工业遗产的保护利用
2015.1	《博物馆条例》			将博物馆的教育功能放在首位
2016.3		《关于进一步加强文物工作的指导意见》		强调加强保护文物的法制观念,配套法制体系,需加大对文物的拓展利用,切实提高各级文物管理部门保护管理文物的能力
2016.5		《关于推动文化文物单位文化创意产品开发若干意见的通知》		
2016.6	《关于加强革命文物工作的通知》			从社会公益的角度,要充分发挥革命文物资源的公共服务和社会教育作用……梳理形成革命文物纪念意义的革命旧址群实施规划编制工作;加强革命文物的安全防范设施建设

续表

时间	制度建设的具体形式			有创新意义的要点
	法规、规章、管理办法	文件或规划	技术标准	
2016	《文物拍卖管理办法》			在规范文物拍卖行为的同时,促进文物拍卖活动健康有序发展……对拍卖企业、人员,拍卖商品均有严格的限制,同时规定了详细的文物出境审核手续
2016.10		《关于促进文物合理利用的若干意见》		准确把握文物利用的基本原则,把社会效益放在首位,发挥文物的公共文化服务和社会教育功能,坚持合理适度的方式,落实文化创意产品开发政策,并鼓励社会力量参与文物的保护与利用
2016.10		《大遗址保护"十三五"专项规划》		加强基础设施和保护利用设施建设,推进国家考古遗址公园建设,有效提升大遗址保护展示利用水平,充分发挥大遗址在构建中华优秀传统文化传承体系和公共文化服务体系中的作用,在新型城镇化建设和美丽乡村建设中的带动作用
2017.2		《国家文物事业发展"十三五"规划》		包括发展目标、主要任务、重大工程和重大举措,是各级文物部门履行职责、推动工作的重要依据……从不可移动文物,可移动文物,文物安全三个维度强调切实加大文物保护力度……博物馆建设、制度建设,保护与建设,从人才培养的角度完善规划实施文物法治、制度保障措施,形成规划实施落地的重要性与文物保护利用格局的重要性

续表

时间	制度建设的具体形式			有创新意义的要点
	法规、规章、管理办法	文件或规划	技术标准	
2017.5	《关于加强"十三五"文物科技工作的意见》			以促进文物事业的可持续发展为宗旨……以科技创新服务与推动文物事业发展理念、机制、制度的全面创新。在文物的价值认知、保护修复和传承利用三个方面推进
2017.8			《抗战文物保护利用导则》	抗战文物指在中国境内遗存的与中国人民日战争和世界反法西斯战争有关、受国家保护的不可移动文物,有文化阐释展示、参观游览、宣传教育三大主要功能。强调国有抗战文物应尽可能向公众开放,有条件的地方可以依托抗战遗址史迹建成遗址公园或专题博物馆、纪念馆等对公众开放的场所
2017.9		《国务院办公厅关于进一步加强文物安全工作的实施意见》		健全落实文物安全责任制,包括明确地方政府主体责任(首次提出坚持党政同责、一岗双责)、强化部门监管责任,落实文物管理使用者直接责任,完善落实责任机制等,并强调了加大督察力度,严肃责任追究
2017.11			《文物建筑开放导则(试行)》	鼓励所有文物建筑采取不同形式对公众开放……强调文物建筑开放使用的社会性和公益性……既明确了开放的基本要求,也提倡和鼓励制订开放计划,提出讨计划、提高服务水平……进一步展开自评价,制订计划、提高服务水平……在文物建筑开放使用功能方面,提出社区服务、文化展示、参观游览、经营服务、公益办公等五大主要功能
2018.7		《关于实施革命文物保护利用工程(2018—2022年)的意见》		夯实革命文物基础工作,加大革命文物保护力度,拓展革命文物利用途径,提升革命文物展示水平、创新革命文物传播方式

（1）文物认定和鉴定相结合的机制

文物认定以文物鉴定为基础，文物认定是政府行为，而文物鉴定应作为一种技术服务推向市场，政府只负责监督。"十三五"期间，国家文物局建立了国家文物登录制度，健全了文物认定、登录标准，规范了文物调查、申报、登记、定级、公布程序。2010 年，《文物认定管理暂行办法》（规定县级以上文物行政管理部门才能认定文物）发布并实施。《文物保护法》第十五条规定县级以上地方人民政府文物行政部门应当根据不同文物的保护需要，制定具体保护措施。因此，不论文物所有权是否清晰，当地政府及文物部门都应当依法落实文物保护责任。文物的所有权从根本上说属于物权，所有权的界定应当适用《物权法》等民事法律以及不动产登记管理的有关规定。应专门制定古建筑、近现代代表性建筑等不可移动文物所有权认定标准，但这方面目前还缺乏可行性。2015 年，国家文物局批准云南文博文物评估鉴定有限公司、广东省文物鉴定站、湖南省文物鉴定中心等 7 家文博单位，开展民间收藏文物鉴定的试点工作。但这 7 家藏品鉴定机构的鉴定证明并不具有法律效力，仍然需要县级以上政府的文物行政管理部门将文物鉴定的成果转化为文物认定的成果。

（2）文物建档、定级和挂牌制度

第一次全国可移动文物普查共普查全国可移动文物 10815 万件/套。普查期间，全国成立 3600 个普查机构，共投入 10.7 万名普查人员、12.45 亿元经费，调查 102 万家国有单位。其中完成登录备案的国有可移动文物 2661 万件/套，纳入普查统计的各级档案机构的纸质历史档案8154 万卷/件。普查除对文物本体信息进行逐项登记外，还对收藏单位情况、文物保管条件等开展了调查，全面摸清了中国国有可移动文物家底。还建立了全国可移动文物登录网，逐步向社会公开已登录文物基本信息和图片，提供查询、检索等服务，目前向社会开放的文物资源信息达 228 万条。

普查采集了 27 项收藏单位信息和 15 项文物基础信息①，建成国家文物资源数据库，建立了文物身份证制度，实现了全国国有可移动文物信息的统一集中存储。健全了国家文物资源调查管理机制，建立起各部门参加、社会广泛参与的协作机制，统一组织，统一平台，统一标准，联网直报，实现登录数据动态管理，建立了文物认定机制和数据管理利用制度。

普查还明确了藏品登录规范，统一了文物藏品档案和登记卡，建立了十余项标准，首次实现文物定名、断代、计量、分类等 15 个核心指标全国一体化。各地将普查与文物清库建档、鉴定定级工作相结合，各级普查机构指导收藏单位开展文物认定，完善库房管理、文物提调注销、安全保卫和档案等制度。

定级对象包括全国重点文物保护单位、可移动文物一级品和二级品等，还包括国家一级博物馆等。

（3）"五纳入"和"四有"制度的短板得以补齐

近年来，全国各地文物保护的"五纳入"行动和"四有"工作真正全面到位②。

"五纳入"是文物系统参与全国经济社会发展、城乡规划、体制改革、财政预算和各级领导责任制的重要表现。与"五纳入"相关的"多规合一"③，

---

① 登录文物照片 5000 万张，数据总量超过 140TB，有效构建了全国可移动文物大数据。依托互联网，按照管理层级和行政区域对文物资源信息进行标准化、动态化管理和利用，全面提升文物资源管理能力。普查按照统一编码规范，对登录文物和单位统一分配标准代码和分类编号，建立文物实物、藏品档案、电子信息关联一体的"文物身份证"编码系统和数据管理系统。对登录的每件文物赋予全国永久唯一的 22 位数字编码，作为文物属性验证、信息甄别和索引查询的识别标识。

② "四有"：有保护范围、有保护标志、有记录档案、有保管机构。"五纳入"：1997 年，国务院发布《关于加强和改善文物工作的通知》（国发〔1997〕13 号），要求各地、各部门将文物保护纳入经济和社会发展计划，纳入城乡建设规划，纳入财政预算，纳入体制改革，纳入各级领导责任制。

③ "多规合一"是指在一级政府一级事权下，强化国民经济和社会发展规划、城乡规划、土地利用规划、环境保护、文物保护、林地与耕地保护、综合交通、水资源、文化与生态旅游资源、社会事业规划等各类规划的衔接，确保"多规"确定的保护性空间、开发边界、城市规模等重要空间参数一致，并在统一的空间信息平台上建立控制线体系，使之与多规相关审批流程合一，以实现优化空间布局、有效配置土地资源、提高政府空间管控水平和治理能力的目标。

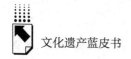

要求其他部门在文物保护上有以下举措：①在城市规划建设管理中突出文化遗产的地位；②在相关提法上更加突出文化遗产对经济社会的影响；③在基础性广域改革层面与文化遗产接轨；④在配套制度上，协助文物系统制定衔接或落实性技术标准规范等。诸如甘肃、河南和贵州等地，严格落实中央关于"五纳入"工作的要求，逐步将文物保护纳入其经济和社会发展规划、纳入城乡建设规划、纳入财政预算、纳入体制改革和纳入各级领导责任制。全国上下高度重视并大力开展历史文化名城、名镇、名村等的保护工作，并积极纳入城乡建设规划。截至2017年，国务院已将133座城市①列为国家历史文化名城，并对这些城市的文化遗迹进行了重点保护。

"四有"是文物系统梳理文物工作及与其他部门开展合作的基础。依靠文物部门划定的相关界限与"红线"，使文物的保护与利用有可持续的推动与进展。以浙江海盐县的工作为例，该县在全县所有文物点均有业余文保员管理的基础上，其充分发挥村级专职文化管理员队伍作用，加强对全县文物点的管理；制作文物保护标志牌，完成全县所有文物点标志牌的挂牌工作；与规划部门共同划定文保单位保护范围和建设控制地带，并将此范围内的文物审批纳入建设工程的前置审批等。

（4）建立可移动文物社会服务和共享机制

各级普查机构积极推进普查成果共享和利用，举办文物展览，出版各类普查成果图书，建立网上共享平台。普查建成全国可移动文物登录网，作为展示普查成果的平台，已向社会开放普查文物信息40.8万件。各地向社会公开的文物资源信息超过228万条。

（5）与干部考核机制结合

文物保护和干部考核结合显著提升了地方领导干部对文化遗产价值作用的认知，显著增强了落实保护责任的意识。比如，11个省（区、市）将文物工作纳入地市级党政领导班子综合考核评价体系或年度考核指标体系。例如，山东省人民政府印发《关于贯彻国发〔2016〕17号文件进一步加强文物工作的实施

---

① 由于琼山市已并入海口市，因此两者算一座。

意见》，指出"完善责任追究制度。即，健全文物保护责任追究制度，各级政府、各有关部门和单位因不依法履行职责、决策失误、失职渎职导致文物遭受破坏、失盗、失火并造成一定损失的，要依法依纪追究有关人员的责任。造成珍贵文物或文物保护单位损毁、灭失的，要依法追究实际责任人、单位负责人、上级单位负责人和当地政府负责人的责任。建立文物保护责任终身追究制，对负有责任的领导干部，不论是否已调离、提拔或者退休，都必须严肃追责"。《河南省人民政府关于进一步加强文物工作的实施意见》于2016年颁发，强调属地管理，即依法落实各级政府文物保护管理职责，加强对文物安全工作的组织领导，强化文物安全保障。以文物保护单位为重点，逐处明确安全责任单位及责任人，建立文物安全责任人社会公告公示制度。坚持责任追究，严厉追究决策失误、玩忽职守、失职渎职造成文物破坏、被盗或流失的责任人的法律责任。《广东省人民政府关于进一步加强文物工作的实际意见》提出强化和落实各方责任，即各级人民政府作为行政区域内文物保护的责任主体，要树立科学保护文物的正确理念，依法履行管理和监督责任，把文物工作列入重要议事日程，作为综合考察评价地方领导班子和领导干部的重要参考；建立由主管领导牵头的文物工作协调机制，统筹好文物保护与经济社会发展的关系。

二　利用现状

文化遗产事业有多种贡献，概略表述的话这些贡献可以体现为社会效益和经济效益①。在2008年第一本文化遗产蓝皮书中，课题组形成了如图2-1

---

①　理论上，社会效益、经济效益可以反映文物利用的现状，但经济效益测算只代表了部分可量化的经济效益，而社会效益很难全面测算。文化遗产事业的主要效益是社会效益，但经济效益也是显著的：2008年第一本文化遗产蓝皮书的测算结果是，文物系统对国民经济的贡献是其获得的财政投入的8.1倍，8:1成为文物系统贡献的著名数字，文化遗产事业不是财政的包袱也以此为起点逐渐成为共识。随着对文物行业财政投入的迅速增加，财政投入的边际效益自然会发生递减（产出投入比会下降），但"十二五"期间，文物系统对国民经济的贡献仍然巨大，远远大于财政收入。这种贡献主要来自其间接经济贡献，这种间接经济贡献又主要来自文物旅游：2016年全国文物系统对国民经济的全部贡献值为人民币732.5亿元，比2001年的91.0亿元名义上增长了7.0倍，这个产出是对其财政投入的2.3倍。

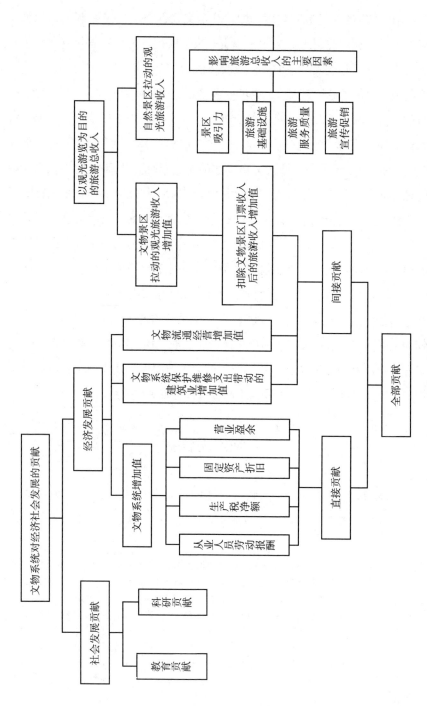

图 2 - 1 文化遗产事业的经济贡献测算技术路线

所示的文化遗产事业经济贡献测算的技术路线，本年度蓝皮书依然遵循这个技术路线进行测算①。

（一）文化遗产事业对经济社会的贡献

1. 直接经济贡献

只从经济角度而言，文物系统的直接贡献主要指文物系统增加值②。

2. 间接经济贡献

文物系统对国民经济贡献的"大头"来自间接贡献，主要涉及文物系统保护维修支出带动的建筑业增加值、文物流通经营增加值和文物旅游增加值③三个方面。

既往八本蓝皮书，均全面定量分析了文化遗产事业的经济贡献④。考虑到"文化遗产事业经济角度的投入产出比高、文化遗产事业不是财政的包袱"已经形成共识，本年度以后的蓝皮书将着重分析文化遗产事业中代表性业态的经济贡献。这样可以让定量为定性服务，使管理者更清楚地发现新业态发展的绩效和问题。从文物合理利用的重点来看，与博物馆相关的业态发展较快（如17号文中专款阐述的文博创意产业，就可能成为让人民群众更有文物工作的获得感、易于处理保护和利用的矛盾、对经济的贡献显著的

---

① 考虑到这部分技术性较强且既往蓝皮书中对所有的方法、指标、步骤都有详述，因此课题组没有把本年度测算的成果放到书中。有兴趣的读者可以找作者索要，联系方式是 suyangl @263. net。

② 由于数据所限，文化遗产蓝皮书只计量文物系统的贡献值。文物系统增加值指一国（或地区）在一定时期（通常为一年）内文物系统内的科研单位、文物保护管理单位、博物馆、文物商店等机构向社会提供产品或服务而增加的价值总和。

③ 文化遗产蓝皮书课题组自2007年开展相关工作以来，一直利用国家旅游局的相关统计数据和分析方法量化分析文物系统通过旅游产业产生的经济贡献，并将这种贡献与文物系统对国民经济的整体贡献进行比较。在测算文物旅游增加值时，必须明确文物旅游对国民经济的贡献有两个方面：直接经济贡献，来自文物系统有关单位的门票收入；间接经济贡献，来自文物系统带动的旅游产业产值（不包括门票收入）。此处的文物旅游增加值包括直接经济贡献和间接经济贡献两部分（即门票收入在测算文物旅游增加值时存在重复计算）。

④ 实际上，也仅是文物系统可计量的经济贡献，只是文化遗产事业经济贡献的局部，还因为缺少统计数据，没有把发展迅速的文化文物创意产品带来的产值纳入计算。

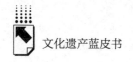

新业态），但改革中的问题较多，有必要通过定量分析准确定位问题、全面剖析成因。

（二）博物馆对文化创意产品相关产业贡献的测算

具体测算技术路线如图2-2所示。

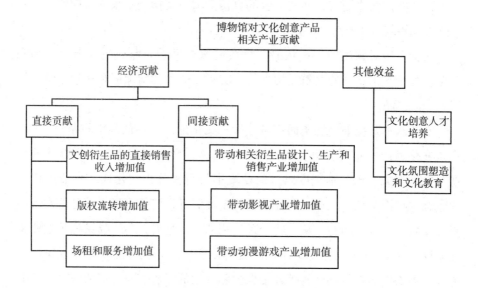

图2-2　博物馆对文化创意产品相关产业贡献测算的技术路线

三　保护不到位和利用不合理的制度成因

如前所述，文物系统的保护利用取得了显著成绩。但是也应该看到，随着经济社会快速发展，也存在着各方面需求的高标准与文化遗产事业发展不充分、不平衡之间的矛盾，保护和利用方面的不足在高标准前日益明显。如果按中央巡视组对国家文物局的巡视意见，这种不足还是全局性的："实行中央方针政策存在落差，贯彻文物工作方针不到位，历史文物大规模消失，文物保护被动局面没有根本扭转，革命文物保护现状堪忧等情况。"的确，从保护角度看，统计数据中文物总量、范围、类型等要素的增幅①大于文化遗产保护工作机构、人员队伍、经费投入、相关设施的增幅，保护状况在高标准下不容乐观②；从利用角度看，过度、不可持续的利用比比皆是，利用强度过大、超过资源环境承载力的案例经常见诸媒体。利用不足、利用不科学的情况也很多，且这种情况常常与制度建设有漏洞或滞后有关③。

反复出现的问题要总结规律，普遍存在的问题要分析制度成因。以下总结当前文物工作普遍存在的保护和利用的不足，分析引发其的主要制度缺陷。

（一）保护不到位

保护是文物工作的基础，是做好文物工作的前提。保护不到位有四个方面所指。

1. 覆盖范围

这是指文物和文物工作的覆盖范围。尽管全国重点文物保护单位已经颁布七批，不可移动文物"三普"和可移动文物"一普"后，绝大多数价值较高的文物已经初步被纳入管理体系，不可移动文物的"四有"工作也比十年前有了很大改善④，但现状仍不容乐观⑤，从管理角度而言的覆盖范围

---

① 参见第二章第一节的描述。

② 纵向来看，保护成效巨大，这种不容乐观主要是相对高标准而言（这种情况在其他行业也常见。例如，中国城市自来水的水质一直在改善，自来水的达标率超过了90%。但2006年颁布新国标后，达标率大幅下降。类似的情况还有城市空气质量等）。

③ 当然，主要是由于制度原因导致这些问题出现，并非中国特有，而是世界各国的普遍现象，尤其在已经发达的文化遗产大国非常明显。本书的附件就详细说明了法国这方面的情况及其对中国闯出适合国情的文物保护利用之路的借鉴。

④ 可参看2008年蓝皮书技术报告第三章，当时统计的前五批国保单位中有近一半没有完成"四有"工作。

⑤ 以现存的近77万处不可移动文物（第三次全国不可移动文物普查显示，中国不可移动文物有76.67万处）为例，保存状况堪忧的占多数，其中保存状况较差的占17.77%，保存状况差的占8.43%，约4.4万处不可移动文物已消失，其中50%以上是由于人为破坏和建设工程等原因。级别较低的文物保存状况尤为不好，从四川省乐山市文化广电新闻出版局副调研员王军的文章《田野文物保护的"硬伤"在哪里?》中可窥斑："（不可移动文物的）83.3%散落在县（区）以下的农村地区或广袤的乡野间。近年来，由于受分布范围广、数量规模大、监管能见度低等客观因素制约，全国乡野文物失管、失防、失窃案件频发。"

仍不到位，这至少可从三个方面显现。①**数据入库和资源确权工作还有很多漏洞，甚至是制度建设漏洞。**17 号文"重在保护"一条中第一款就是"健全国家文物登录制度"，其中规定"建立国家文物资源总目录和数据资源库，全面掌握文物保存状况和保护需求，实现文物资源动态管理，推进信息资源社会共享"。换言之，真正全方位摸清家底，将文物存量中逸散在民间的家底也摸清并将其纳入数据库动态管理，才是基于细化保护需求的动态、精细化全覆盖。这种做法才算得上与人口普查等措施和制度较先进的工作"看齐"。否则，**总有看不到或"看"不住的文物出想不到或想不起的事件。**而资源确权方面的漏洞更多，大量文物仍处于"无权可依"乃至"流离失所"的状态①。②**文物的外延在不断拓展、工作的要求在不断提高，这显著扩大了文物和文物工作的范围，但管理机构和管理措施都没有跟上。**不仅近现代建筑、重要史迹和工业遗产等被不断"迭代"进入文物范畴，与大运河等不断加强保护的线性文化遗产②和万里茶道等正在申报的线性文化遗产有关的更多的实体也会被确定为文物或者具有高度关联性的区域会被纳入文物工作统筹的范围。像大运河这样实际上包括了物质文化遗产和非物质文化遗产、自然遗产的综合体，没有文物管理机构来统筹协调③，甚至没有文物部门可发挥主导作用的规划及信息共享平台。即对这些文物，文物部门缺少管理手段，很有可能出现"失控"状态。③**保护方面的日常"规定动作"还有漏洞。**文物安全防范基础工作仍显薄弱，文物安全工作被动局面尚未得到根本性扭转④。④**文物保护中的不平衡现象非常突出，这在不可移动文物**

---

① 具体参见 2014 年蓝皮书技术报告第一章。
② 2017 年，习近平总书记批示建设大运河文化带，这对文物工作与经济社会发展的结合提出了更高的要求。
③ 如果按自然遗产的管理要求，**管理机构实现统一管理的标志是"两个统一行使"**：自然资源资产管理和国土空间用途管制两个权力统一行使。迄今已有三江源国家公园管理局等机构按照习近平总书记的要求实现了"两个统一行使"，而文物系统没有任何一个机构（**大遗址的资源状况和管理要求近似自然遗产**）实现了哪怕只是一个统一行使。
④ "十二五"期间，有些既往的工作漏洞得到填补（如国保单位的"四有"工作基本全覆盖），但仍然有不少漏洞（例如，全国有近一半的市县级政府不能定期组织本行政区域内文物安全检查评估，未将文物安全纳入综合考核评价）。

中体现得尤为明显。省级以下文物保护单位的保护状况普遍较差，与全国重点文物保护单位的保护状况、保护机构人员经费配置等差别非常大，低级别文物①被随意破坏的现象基本没有得到遏制。

贯彻专业监督，才能发现文物的安全漏洞。开展各项督察工作，自上而下形成一股文物安全保护的压力，能够倒逼地方落实文物保护的主体责任。近年来，一些民间文物保护组织和志愿者的行动，为文物安全做出扎实贡献。地方政府和文物保护单位要善于跟民间文物保护力量打交道，要把其视为有益和积极的力量。洛阳建立了"市、县（市）区、乡镇（街道）、村、文物保护员"五级文物安全责任体系，组建了群众性业余文物保护组织，并将其作为文物部门保护管理工作的延伸，有效实现了不可移动文物安全保护监管全覆盖。目前洛阳全市业余文物保护员数量近1000人，已形成"政府主导抓安全、全民参与保安全"的日常管理机制，且已显现出效果②。

2. 技术手段

中国的文物保护技术在世界上并不落后，可移动文物和不可移动文物的修复工作有许多方面在世界领先，博物馆的保管技术和安防技术也享受到中国制造业的"红利"，甚至技术输出已经蔚然成风③，但两方面的短板仍然很明显。①低级别的文物难以获得高技术手段保护，大多数不可移动文物仍然处于人防为主、防不胜防的状态。例如，与博物馆安防技术手段相比，中国田野文物安全技防工作近年来才进入实施阶段。田野文物分布面广、站多线长、位置偏远、经费不足、技术受限，省、市、县（区）、乡（镇）四级监管网络不通，现有的技术防范手段安全监管能见度很低，造成大量案件不

---

① 如普查登记文物，已经通过行政渠道被认定为文物，但实际上并没有被纳入文物行政管理的范围。

② 例如，坐落在洛阳郊区佃庄镇东大郊村的辟雍碑，完整记载了晋武帝司马炎和皇太子司马衷到辟雍视察的过程，对研究中国1600多年前晋代历史和古代书法艺术具有重要价值。在业余文物保护员李良杰16年如一日的看守保护下，此碑才得以完整如初，被列为全国重点文物保护单位。

③ 例如，柬埔寨吴哥窟的保护和修复工作，就是中国技术和中国队伍主导的，且这种情况早就不是个例。

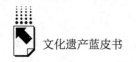

能及时发现，或时过境迁缺乏侦查条件。②与其他系统的先进技术平台衔接不够。例如，不少地方的田野文物位于人迹罕至的偏远山野，文物部门虽然落实了专门看守人员，但很难做到 24 小时驻守看护。没有智能化、信息化等技术手段的运用，就很难加强保护。而公安部门天网工程、治安雪亮工程等早已全面覆盖，如果县级以上田野文物保护单位与其衔接，建立视频监控和适用的入侵探测、自动报警及巡更系统，则"共抓大保护"就有了技术手段的支持。

3. 制度建设

制度建设不仅是相关保护措施常态化、专业化的基础，也是形成"共抓大保护"局面的基础性手段。

从中央建设生态文明体制的做法来看，主要是抓了两方面的制度建设来形成"共抓大保护"的合力——自然资源资产产权管理和国土空间用途管制。 只要这两方面管好了，保护的底线就守住了，**保护的责有攸归、前置控制、齐心协力的局面就能达成。** 这方面的经验套用到文物工作上来，就是制度建设既要全面，又要有基础，且一定要明确主体责任，只有这样才可能把以保护为主的绿色发展方式通过文物平台在地方先行先试。

这方面，文物系统的制度建设相对落后了。①从产权管理来看，文物系统迄今没有形成与国家宏观管理制度改革接轨的确权操作程序。许多不可移动文物尤其是长城、大运河这样尺度大且跨界的线性文化遗产和范围大、接近自然遗产形态的大遗址，没有将权属落实到具体的机构并配套相应的制度，导致这些文物没有实质上的产权管理者。这难免引发"公地悲剧"。在国家自然资源已经统一管理、自然资源资产确权制度和不动产登记制度初步建立的情况下，文物系统的这种制度建设漏洞显然不仅不可能形成各行各业对文物"共抓大保护"的合力，而且难以明确责权利统一的真正责任方。所以，17 号文在实际措施的第一部分就是"明确责任"，且把"落实政府责任"作为单独一条，其中规定"地方人民政府要切实履行文物保护主体责任……作为地方领导班子和领导干部综合考核评价的重要参考"。这是总书记强调的"保护文物也是政绩"的落地措施。②从国土空间用途管制来看，

"要将文物行政部门作为城乡规划协调决策机制成员单位，按照'多规合一'的要求将文物保护规划相关内容纳入城乡规划"是个很好的提法，但没有形成很好的做法，原因是文物部门对"多规合一"的重要性认识不足，少数先进典型的经验没有得到推广①。还有一些改革需要获得法规支持或专门的文件说明，否则改革很可能在原有的管理架构下走回头路。例如，"对社会力量自愿投入资金保护修缮市县级文物保护单位和尚未核定公布为文物保护单位的不可移动文物的，可依法依规在不改变所有权的前提下，给予一定期限的使用权"这样对社会参与明显利好的改革措施，"法""规"中并没有相应的条文，相关部门在执法和办理有关手续时，是否能将这样的"说法"变成审批同意的"做法"？这方面的滞后在各个领域普遍存在：系统外，钱江源国家公园体制试点区所在的开化县，是全国28个"多规合一"试点地区中唯一形成一张蓝图（《开化县空间规划》）的，但《开化县空间规划》没有法律依据，因此若干项目在省相关部门审批时，无法以合乎《开化县空间规划》作为依据（如环保部门仍然要以符合《环境功能区划》为依据），这就使本来应该"一张蓝图干到底"的改革连"一张蓝图干到地"都做不到；系统内，许多地方先行先试了文物创意产品开发的相关改革，但人员激励机制等改革没有到位，上级单位也没有做出明确的规定，这使这些产品开发者出现了多劳却无法多得的现象，改革只能走回头路②。

这些方面的不足，在大遗址的管理上体现得尤为明显。首先，大遗址所在地的地表下埋藏着古代的遗迹和遗物，而在其地表以上则往往是现代人耕作的田地和居住的房屋。文物行政主管部门依照《文物保护法》来管理地表以下的遗址，国土、住建、农业和林业等其他职能部门按照《土地管理法》《城乡规划法》《森林法》等来管理遗址以上的地面部分。此外，县区和乡镇则按照《政府组织法》等管理遗址上的人及其社区。而居住在遗址之内和之上的城市居民和乡村村民，则按照《物权法》《土地承包法》及中

---

① 2015~2016年蓝皮书主题报告第一章中专门举了重庆市的例子，说明文物保护规划怎么才能合成到"一张蓝图"上并真正发挥作用。本书第四章专栏4-2做了更深入的描述。

② 具体可见2016~2017年文化遗产蓝皮书技术报告第三章中湖南省博物馆等的案例。

央制定的政策与政府相关部门进行互动，以保证和维护他们在这片土地上的权益。这样，依附于土地的这些不同的利益群体自然就会有不同的利益诉求。政府的职能部门和基层组织自然会优先满足自己的直接责任对象的相关诉求，而将包括文物保护在内的责任排在相对靠后的位置。土地权益问题会直接影响各级政府部门的权益，当然也会产生各种各样的矛盾和冲突，无疑是影响大遗址保护的关键问题。其次，中国大遗址保护的核心问题是土地所有权不明确，以及在此基础上形成的公权和私权法律上的不完善，还有在具体处理公共利益时缺乏可以依据的法理程序。因而，文物主管部门在保护涉及大量土地和居民的大遗址时，不得不寄希望于地方政府采取行政手段来处理矛盾和问题。大遗址保护范围内的土地所有权与使用权是分离的，所有权有全民所有和集体所有两种情况，使用权主体也有国家机关、事业单位、企业单位、集体和个人多种。作为各级文物保护单位的大遗址尽管划定了保护范围和建设控制地带，但这些保护区划内的土地所有权没有从集体转移到国家，使用权也没有从单位和个人手中转移到代表国家行使保护和管理权的文物行政机构或事业单位，文物保护和管理部门实际上难以对大遗址保护行使《文物保护法》赋予的权利，处于无能为力的尴尬境地。

总结起来，文物系统是在对现实管理最重要的"权、钱"相关制度建设上落后了。实际上，做好这方面的制度建设是有经验可循的：习近平同志担任福州市委书记时，针对文物保护现状，开创性地探索形成了"四个一"（一个局、一个队、一颗印、一百万元）治理模式，即设立文物管理局，成立一个考古队，城建项目立项时需要征求文物部门的意见，加盖市文物局的印章，财政每年拨款一百万元作为文物保护专项资金。这样的措施可使文物部门获得最重要的"权、钱"制度的保障，自然就能发挥更大的作用。

4.队伍能力

在这方面，近年来，国家的重视力度可以说是超乎寻常。不仅国家文物局还能增加行政编制，而且北京市文物局的行政编制达到百人规模。但这方面的诸多管理要求，多数地方并未达到。如健全县（市、区）、乡镇（街道）、村（社区）三级文物安全管理网络，逐级落实文物安全责任；发挥乡镇综合文化站作用，完善文物保护员制度，推行政府购买文物保护服务，逐处落实文物安全责任单位或责任人；等等。

而且，与队伍数量"破例"扩大并不完全同步的是队伍能力。受编制体制制约，目前各地区有限的文保人员主要集中在国保单位，用于守护古遗址、古墓葬、石窟寺、石刻群等田野文物的人数占比低，人员比例分布上严重不平衡。此外，随着城市化进程加快，农村人口加速流动，一些农村地区青壮年外出打工，只有老人、妇女和儿童留守，加之基层文物保护员工作生活保障机制不健全，田野文物保护员的来源成为现实问题。

出现这样的情况，一是机构设置仍有待加强。据国家文物局 2017 年的统计，全国 2853 个县（市、区）政府中单设文物局的很少，大部分为文广新局、文广旅局或文广体局，由一位副局长兼管文物工作，还有近 1/3 的县（市、区）政府既没有编制机构，也没有专人负责文物管理工作。有一部分县甚至连一个文管所都没有，基层一线管理近乎空白。田野文物保护单位数量多、分布广，与编制机构缺、文管人员力量弱的矛盾显而易见。在 2018 年中央政府机构改革后，地方政府的机构改革使文物行政管理机构的设置形势更不乐观。二是人员的能力不足。县以下单位的文管人员中，"半路出家"的较多，基层一线老龄化现象严重。由于工资待遇低、工作条件差，散落于田野的文物单位几乎是"一个老人一条狗"的传统看护模式，根本无法实现对田野文物的有效保护。有关数据显示，目前全国文管从业人员为 15 万余人，多数人员集中在省市文物部门、文保事业单位和博物馆，而基层文管所专业人员比例很低。

保护不到位这四个方面的问题，可能在某些文物保护中集中出现。例如，"大运河文化带"是以大运河为文化和自然线索关联起来的区域总称，具有以下三个方面特点：强文化关联性，即与运河相关的物质文化遗产和非物质文化遗产文化遗产可以文化或经济的方式吸引人流、物流；强自然关联性，即与运河同处于一个水生态系统中，包括支流和运河两岸的集雨区；区域的经济社会发展等已与运河产生了密切关联。按这样的标准，文物工作的覆盖范围远远超出《大运河遗产保护管理办法》及其他类似法规、规章等

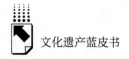

规定的大运河文化遗产的外延范围①。只有文物系统与其他部门携手合力，才可能将大运河文化带发展中的文物工作做好。所以，在覆盖范围方面做好文物保护工作，还必须做好配套制度建设，必须形成超越单纯保护工作的"共抓大保护"的合力。

对文物的保护不到位，从近年发生的许多事件来看，并非都是利欲熏心者或尸位素餐者视保护于不顾所致，许多保护不到位的案例实际上也与利用不合理有关。2012年底，《关于进一步做好旅游等开发建设活动中文物保护工作的意见》（国发〔2012〕63号，以下简称国务院63号文）专门就容易引发文物保护问题的开发行为进行了规定，配套了措施。2016年，国家文物局《关于促进文物合理利用的若干意见》（文物政发〔2016〕21号）也明确了"文物利用必须以确保文物安全为前提，不得破坏文物、损害文物、影响文物环境风貌。文物利用必须控制在文物资源可承载的范围内，避免过度开发"。

（二）利用不合理

《关于促进文物合理利用的若干意见》从五个方面概括了文物利用问题："文物利用仍然存在着文物资源开放程度不高、利用手段不多、社会参与不够以及过度利用、不当利用等问题。"② 这五方面问题，在各地有不同的体现形式。可以文物大省山东省的情况来举例说明：从2016年的经济数据可知，山东8000多亿元的旅游收入中，文物景点带动的收入达3000多亿元。文博事业的"产出"在经济新旧动能转换之际展现潜力，所以文物不

---

① 其中规定："本办法所称大运河遗产，包括隋唐运河、京杭大运河、浙东运河的水工遗存，各类伴生历史遗存、历史街区村镇，以及相关联的环境景观等。近代以来兴建的大运河水工设施，凡具有文化代表性和突出价值的，属于本办法所称的大运河遗产。"又如，《杭州市大运河世界文化遗产保护条例》中明确的大运河遗产包括：（一）大运河河道：杭州塘、上塘河、中河、龙山河、浙东运河西兴段等；（二）大运河水工设施遗存：拱宸桥、广济桥、凤山水城门遗址、西兴过塘行码头等；（三）大运河附属遗存：富义仓等；（四）大运河相关遗产：桥西历史文化街区；（五）其他依法补充列入的遗产要素。

② 不同文件对文物不规范利用的总结方式存在区别，如2012年的国务院63号文明确了"违法转让、抵押国有不可移动文物，将国有不可移动文物作为企业资产经营，过度开发利用文物资源，擅自拆除文物古迹和历史文化街区、村镇以及历史建筑"等五大违法违规行为。

仅有历史传承价值，还有巨大的经济价值。但一方面是山东文物景点带动旅游经济 3000 多亿元的"好消息"，另一方面却是"十二五"期间 1500 多处文物因自然损毁、人为破坏等原因而消失的"坏消息"。山东还有不少地区仍处理不好经济建设、城乡发展与文物保护的关系，文物保护意识落后，法人违法事件时有发生。过度开发和不合理利用致使一些历史文化名城、名街、名店、古建筑、古遗址风貌遭到破坏。

以第三方的视角来看，这些问题的本质都是利用不合理，通俗地说就是不会用因而用不好。各地存在文物利用方式不合理，擅自改变管理体制、改变文物用途，过度、不合理地对文物进行利用致使文物安全隐患突出等情况，有些文物又因为用起来"麻烦"而被搁置①，致使其社会效益难以得到体现。

平心而论，文物不通过利用这个环节是无法全面体现其价值的。正如李瑞环同志所言，"从某种意义上说，利用是保护的最终目的"②。第一本文化遗产蓝皮书曾在前言中开宗明义地指出文化遗产事业的最终目的是对物质文化遗产和非物质文化遗产进行可持续利用。如果不利用，不仅可能造成财政资金的巨大浪费③，还可能难以形成全社会保护文物的共识。但利用的技术含量和对配套制度的要求，应该说比保护更高，因为用不好就会对文物造成不可逆的损害。另外，对于看不到经济效益或难以在空间上"古为今用"的文物，很多地方不愿投入人力、物力按规定要求做好保护工作（这也说明，合法规范的活化利用，不仅有利于体现公益性，也直接有利于保护）。

---

① 这方面的例子有耗费数以十亿元中央财政专项资金修缮完毕的晋东南古建筑群。另外，诸多散布在田野中价值一般的遗址或古建筑没得到全面利用。田野文物与馆藏文物一样，有着同等或更高的历史、艺术、科学价值。由于田野文物分布广、数量多，具有不可随意移动的特性，通常遵循原址保护原则，因而其保护性开发利用工作难度大。不少地区在发展乡村文化旅游项目时，往往选择交通便利、综合环境较好的田野文物单位进行开发利用，对位置偏僻的文物单位关注度不高，保护性开发利用率低。这也是当前田野文物安全保护工作面临的一个"硬伤"。
② 1995 年 9 月，在西安召开的全国文物工作会议明确提出了"有效保护、合理利用、加强管理"的原则，将"合理利用"作为文物工作原则之一。时任中共中央政治局常委李瑞环提出"文物也要充分地、科学地利用，从某种意义上说，利用是保护的最终目的"。
③ 例如，晋东南古建筑群，在教育、科研、经济等方面都未发挥应有的功能，其重要价值难以体现。

《关于促进文物合理利用的若干意见》在利用方式上给出以下方法：推动展陈策划专业化、社会化，打造精品陈列；支持文博单位利用信息、网络等现代科学技术，实施互联网＋中华文明行动计划，建设"一带一路"文化遗产长廊，创新传播方式，提供更多更好的公共文化服务。鼓励有条件的文博单位利用自身人才优势，向社会提供文物鉴定等相关服务。显然，这些都是关掉不合理利用的"后门"后可以开的"前门"，但这些"前门"都是有技术含量、需要创新的（包括技术创新和机制创新等）。没有这些创新，**如果只关注短期经济效益，文物被过度或不当利用的情况和文物利用被搁置的情况仍然会出现。**

（三）制度成因

归根结底，保护不到位和利用不合理这种普遍存在的问题，必有其制度成因。

1. 现有发展模式下的制度成因

（1）影响保护范围和力度的制度

保护不到位，既有相关制度没有充分体现"文物保护也是政绩"的原因——领导干部层面无心、各方面难以形成保护文物的合力，也有文物系统有心无力的制度成因——"权、钱"相关制度没有配置到位。

在工业化、城镇化高速发展阶段，在项目落地、旧城改造及新农村建设中，容易产生古遗址、古建筑等所占地表与项目用地之间的矛盾。尽管这方面国家已有诸多规定①，还有规划等前置性控制措施，但在巨大的现实经济利

---

① 国家早在1953年10月12日就发出《关于在基本建设工程中保护历史及革命文物的指示》。各省也都有建设工程文物保护规定，且明确"发展改革、国土资源、建设、环保、交通、铁路、民航、水利、电力等主管部门（以下统称履行审批职责的主管部门）在各自的职责范围内，负责有关的建设工程文物保护工作"，要求"申报大型建设工程的，建设单位应当自取得项目选址意见书之日起5个工作日内，向省文物行政部门提出文物考古调查、勘探申请；省文物行政部门应当自收到申请材料之日起5个工作日内，听取建设单位的意见并组织考古发掘单位对该建设工程范围内有可能埋藏文物的地方进行文物考古调查，必要时进行文物考古勘探"。不过，往往只是在大型建设项目上马时才按规定履行程序（小型项目往往不履行程序），履行的这些程序在面临工期压力时往往又被地方主要领导授意走过场。

益和项目工期压力下，文物毁于建设项目（甚至有相当比例是旧城改造等民生项目）的案例仍屡见不鲜①。如果没有管理单位体制和资金机制在"权、钱"方面的保障（参见专栏2–1），没有领导干部政绩考核指标中文物保护相关指标的设置和文物保护方面的领导干部责任终身追究制以及文物分布密集区域领导干部的文物资源离任审计制等，就很难真正让文物保护成为政绩。目前，干部考核指标中已经体现出文物保护的因素（参见专栏2–2），但其他制度并没有真正建立起来②。

专栏2–1　文物管理单位在"权"上与其他系统管理机构的差别

近二十年来，文物系统自身，纵向比，"权、钱"方面的制度保障有明显加强。但与新时代文物工作被赋予的重要功能和人民群众需要的高标准相比，这种制度保障还远远满足不了现实的需要。不可移动文物的管理机构（文物管理单位③），其管理的资源性质、管理要求等接近于自然遗产，**但绝大多数文物管理单位没有获得"两个统一行使"④ 的权力，管理中的责权利不匹配，因此管理中力不从心的现象普遍，很难"不辱使命，守土尽责"**。文物行政管理机构和**不可移动文物的具体管理机构基本未被赋予过文物资源资产管理和**

---

① 如2017年被国家文物局处理的贵州独山县龙家民居被毁事件，具体情况参见第三章第1节。

② 很多地方只是在文件中提及，在日常工作中并未真正开展。

③ 不同于文物系统"文物保护单位"这样不规范的"单位"用法，此处就是中国政策语境下的单位，绝大多数属于事业单位（少数是企业，极少数具备地方政府性质）。

④ 这是习近平总书记在对三江源国家公园的讲话中首次提出的管理概念，指管理机构自然资源资产产权管理和国土空间用途管制两方面的权力。原文为："……在超过12万平方公里的三江源地区开展全新体制的国家公园试点，努力为改变'九龙治水'，实现'两个统一行使'闯出一条路子，体现了改革和担当精神。"前者指管理机构在自然资源资产产权和不动产登记中能被确权为所有者，后者指管理机构具有对文化遗产地范围内根据规划审批项目和进行土地利用管理的权力。这两方面是《建立国家公园体制改革总体方案》中提出的管理机构实行统一管理的重要权力。在中国国家公园体制试点中，三江源国家公园管理局已基本具有这两项权力。而文物系统中，即便是良渚遗址区管理委员会这样级别较高的机构（杭州市正局级事业单位），也完全不具备这两项权力，必须依托杭州市余杭区政府甚至杭州市政府（在某些审批方面）才能进行这两方面的管理。

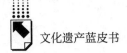
文物密集分布区域的国土空间用途管制权①，文物部门只能在执法等罚和补贴等奖方面着力②，难以形成业主式的管理和对大遗址所在国土空间的文物优先式控制，这就使得文物保护难以前端发力、文物部门防不胜防。而基层文物系统的人、财、物保障又很差，文物工作在基层缺人③、少钱是普遍情况。

可以现实中的案例比对来说明这种管理单位体制的差别。例如，良渚遗址的管理机构在文物系统中已经属于级别高、权力大的，但与黄山风景名胜区的管理机构（黄山风景区管理委员会，以下简称黄山管委会）相比，同样作为地方政府派出机构，级别均与区级地方政府相同，在赋权方面存在巨大差别。

2001年9月，根据浙江省人民政府《关于设立杭州良渚遗址管理区的批复》（浙政函〔2001〕205号）和杭州市机构编制委员会有关文件精神，设立杭州良渚遗址管理区。杭州良渚遗址管理区在杭州市的领导下，由余杭区负责管理，其范围为良渚、瓶窑两镇，区域面积242平方公里。同时，成立杭州

---

① 中国设立了大量的不同级别、不同类别的文物管理机构，但对文物的权利人身份、主管部门的权责、权利受损如何维权等问题未进行明确。这就导致级别较低的不可移动文物在管理上比较松散，无权利人对权利受损进行维权，各类违法违规问题更是无法杜绝。特别是许多文保单位在设立之初就存在各种硬伤：在计划设立时就未征求拟纳入文保单位范围内所有土地权利人、林地权利人、历史存在的镇村负责人、企业农田权利人等各类生产生活设施权利人的同意，未通过补偿、置换、征用等措施与原来的权利人达成协议，相关法规及规章也未对解决这些历史遗留的问题进行明确规定。虽然国土资源部曾经发文明确土地权属不影响管理权限，但在实际执行上难度很大，因此发展和保护之间时常产生矛盾。另外，权利人不明确也导致文保单位的主管部门以及所在地的地方各级政府不愿意主动投入大量的资金来解决这些历史遗留问题，导致部分文保单位实际无责任人真正行使产权管理，导致破坏文物行为往往蔓延成多方参与、多种形式状态（如长城诸多未划入国保单位的部分，被周边居民、施工项目法人单位等肆意破坏，虽然有些行为被查处，但基本不可能禁绝）。

② 文物管理可以分为资产管理和行政管理："《文物保护法》规定了由各级人民政府或政府部门和文物行政部门分级负责的文物行政管理体制，其主要特征是属地管理，主要手段是行政审批、财政补助和行政处罚。而文物资产管理的主要特征是权属管理，不必囿于行政辖区，首先要区分国有、集体和私人产权性质，主要手段是登记、契约和财税政策引导。"（引自于冰《文物资源可以资产化吗》，《光明日报》2018年7月14日，第5版。）

③ 例如，全国3000多万件馆藏文物中，有病害的占到近一半，而全国的专业修复人员仅有2000人；对于不可移动文物，彩绘、壁画和石质文物修复人员最为短缺。

良渚遗址管理区管理委员会（以下简称良管委），增挂浙江省杭州良渚遗址管理局牌子，为正区级单位。2008 年，余杭区委对良管委管理体制和运行机制进行适度改革，将其主要职责调整为文物管理、规划建设、学术研究及文化产业发展，2012 年增设遗产申报处负责申报世界遗产名录工作。良管委这些部门的权力并没有全面覆盖自然资源资产产权管理和国土空间用途管制，重要权力都仍然在余杭区相关政府职能部门手中，良管委必须依托余杭区政府才能实施相关管理，这在地方政府更强调经济发展时难免会出现激励不相容①的情况。例如，规划建设局的职能就不包括最重要的项目直接审批和综合执法②。良管委的职能也不包括市场监管等。这导致在良渚周边经济活动种类多样、强度较大、涉及单位和个人较多的情况下，规范经营行为、阻止法人犯法方面难免力不从心。可以与之比较的是黄山管委会的机构设置和相关权力如下：①有法、有机构、有多项能在保护和利用上处理人和法人的职能。依照《黄山风景名胜区管理条例》设立的黄山管委会，为地方政府派出机构，有完整的政府职能，对风景名胜区约 160 平方公里范围实行统一管理。黄山管委会除了《黄山风景名胜区管理条例》赋予的资源保

①　激励不相容（incompatible incentive）是经济学术语，指某个行为主体的两个利益维度对立，符合某个利益维度的行为必然有损于另一个维度的利益，并可能造成该行为主体的利益相关者的利益损失。例如，如果公立医院改革中将医护人员的收入主要与其创收挂钩，那么医护人员在追求经济利益这个维度（是其作为自然人属性的利益维度）上的行为就必然是让患者尽量多花钱，这与其救死扶伤的职业要求（也是其利益维度，是作为职业人的利益维度）相悖，也必然会造成整个社会较大的损失。

②　规划建设局的职能如下：贯彻执行国家、省、市有关土地、规划建设、环境保护等方面的法律法规和方针政策；组织编制和监督实施《良渚遗址总体规划》和专项控制性详细规划；**会同两镇负责遗址保护区内基本建设项目的选址定点、现场踏勘和审核把关工作，对准予建设的项目报请省市有关部门审批；**监督检查土地使用情况，调解处理土地纠纷，查处违法用地；负责实施土地使用权出让、转让和征地民房拆迁工作；负责基础设施建设项目的实施和管理；负责城建监察和环境保护；**协同有关部门和当地政府做好遗址内现有不符合遗址保护的建筑和其他机构物的拆迁工作。**文物管理局的职能如下：研究制定遗址保护、抢救和考古工作规划与措施；对良渚遗址实施日常监测和档案整理；**配合有关部门打击盗挖、贩卖文物等犯罪活动……组织开展文物行政执法检查，依法受理、查处涉及文物违法案件；**负责有关行政复议、行政处罚案件的审核和应诉事宜。

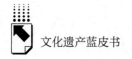

护、合理开发、项目建设、宣传教育等景区基本的管理保护职能外，还拥有治安管理、旅游管理、交通管理、安全生产、环境保护、规划建设、土地管理、植物检疫、统计物价等多项行政执法管理职能。管委会作为执法主体，其执法资格由法律法规赋予，或有省、市政府的授权，或由上级行政执法部门直接委托，且将公安、交通、工商（市场监管）三方面政府职能延伸到游客上下山比较集中的汤口镇（即黄山管委会在这三方面职能上代管了风景名胜区范围以外的区域）。②风景名胜区的管理已经实现了事企分离，机构设置精干高效。黄山管委会负责景区的资源保护和管理工作，黄山旅游集团有限公司依托景区资源，从事企业经营管理，接受黄山管委会的监督。

应该说，良管委这样的机构设置和赋权情况在文物系统内还算比较先进的。与良渚遗址价值同等重要的其他遗址，甚至有可能在机构设置上就出现激励不相容的情况，如十三陵特区办事处。1981年，十三陵特区办事处成立时，即明确了文物保护、风景名胜区管理和旅游经营三方面职责。然而，十三陵特区办事处有职无权还要搞经营：既要负责明十三陵、居庸关长城和银山塔林的文物保护和景区维护，又要承担起旅游经营、安全管理、设施建设等方面的管理职责，但并没有被赋予公安、工商等方面的政府职能和足够的财政资金保障，还要靠经营活动来自收自支。长期以来，正是在公益和经营属性相互重叠挤压的情况下，十三陵特区在文物防盗、防破坏方面面临巨大压力。在十三陵文物失窃事件发生后，十三陵特区于2018年启动管理体制改革，重点在于事企分开，建立起功能明确、服务完善、运行高效、监管有力的管理体制和运行体制：通过剥离旅游经营职能，组建世界遗产管理中心和文物安全管理中心，退出旅游商店和经营场所等，集中力量提升文化遗产的安全保护水平。新组建的世界遗产管理中心早在2003年就已经成立，但挂靠在十三陵特区办事处文物科，人员相对不足。从文物科分离出来专门组建世界遗产管理中心，就是要突出其文化遗产保护、日常信息维护以及文化研究推广的相关职责，在人员编制上未来也将扩充至15人左右。而新成立的文物安全管理中心，将文物安全日常巡查和 10 个未开放陵寝的管理职能从先前的保卫科分离出来，分别组建十三陵文物安全巡查大队、十三陵监控中心和未开放陵寝管理办公室。这样的管理单位体制改革，相对以前的确加强了公益性和安全防范力度，但因为没有被赋予完整的自然资源资产产权管理、国土空间用途管制以及像黄山管委会那样的对人和法人的直接执法权，所以在保护力度、处理保护和利用的关系上仍然有漏洞。与十三陵特区具有可比性的是，在八达岭特区整体纳入北京长城国家公园体制试点区后，未来的北京长城国家公园管理中心可望拥有与黄山管委会类似的权力，从而更好地体现"保护为主、全民公益性优先"。

专栏 2-2　文物工作纳入领导干部政绩考核的情况及其不足

习近平总书记在 2016 年 4 月对文物工作的指示中明确提出了"保护文物也是政绩"。**文物工作纳入领导干部政绩考核的提法已有多年，但实践中的尝试仍然不普遍且不系统。**

从文件层面来看，早在 2003 年 6 月，国家文物局、中央编办、国家发展改革委、财政部、建设部、文化部、国家税务总局联合发出了《关于进一步做好文物保护"五纳入"的通知》，强调把文物保护纳入领导责任制，明确指出"各级政府除指定专人分管文物工作外，还应将文物保护作为考核领导干部政绩的内容之一"。2012 年 11 月，国家文物局、文化部等 16 部门印发《关于加强和改进文物安全工作的指导意见》，提出健全文物安全责任体系，坚持"属地管理"，将地方各级人民政府依法落实文物保护管理职责作为确保文物安全的立足点，夯实安全基础。在文物资源丰富的地区，推动各级人民政府将文物安全纳入政府绩效评估指标体系，建立管理目标责任制。2016 年 3 月，国务院印发了《关于进一步加强文物工作的指导意见》，要求各级人民政府进一步提高对文物保护重要性的认识，依法履行管理和监督责任。地方人民政府要切实履行文物保护主体责任，将其作为地方领导班子和领导干部综合考核评价的重要参考。2017 年 2 月正式发布实施的《国家文物事业发展"十三五"规划》也将"创新文物安全监管模式，推动将

文物安全纳入地方政府绩效考核或社会治安综合治理体系，层层落实文物安全责任"写入其中。

从实践层面来看，目前已有天津、山西、内蒙古、江苏、安徽、湖北、湖南、重庆、云南、西藏、甘肃等11个省（区、市）将文物工作纳入地市级党政领导班子综合考核评价体系或年度考核指标体系；山东省把革命文物工作作为精神文明建设的考核目标；安徽、湖南、福建、广东、广西、重庆、青海、四川、甘肃、浙江、江苏、陕西等省（区、市）的部分市政府将文物工作纳入县（区）政府年度目标责任考核体系，一些县（区）政府将文物工作纳入乡镇年度目标管理考核内容。其中，湖南省的工作从上至下，较为系统。

2011年，国家文物局与湖南省人民政府签署了《关于共同推进湖南文化遗产保护与发展框架协议》，要求"湖南省人民政府将文物安全纳入各级领导责任制"。2014年7月，经湖南省委、省政府同意，湖南省全面建成小康社会推进工作领导小组、湖南省绩效评估委员会联合下发《关于印发〈全面小康考评指标完善方案〉和〈2014各市州党委、政府和省直单位绩效评估指标〉的通知》，其中明确，自2014年起，国有文物安全将纳入对各市州党委、政府的绩效考核内容，"国有文物保护不力，造成文物损毁、遗失或被盗的，每起扣2分"。另外，湖南省基本实现了将文物安全工作纳入省、市、县三级政绩考核体系的全覆盖。目前，湖南省13个市（州）、96个县党委、政府按照省政府做法，将文物安全纳入地方政府绩效考核内容。将文物安全纳入政府绩效考核，真正落实了"属地管理"原则，提升了文物安全工作在政府整体工作中的地位，增强了各级政府保护文物的责任主体意识。政府在文物保护经费、机构设置、人员编制等方面的支持力度越来越大。2014年、2015年，湖南省对涉及文物违法行为的三个市州给予绩效考核扣分。被绩效考核扣分后，娄底市政府空前地开始重视文物工作，市里所有重大建设工程的决策必邀请文物局局长列席会议，并依法做好建设项目的前置审批工作。在湖南省的各地级市中，长沙市这方面的举措对全局的影响更直接，并通过一票否决、补贴挂钩等手段体现出来：长沙市政府出台了

《长沙市不可移动文物安全管理办法》《长沙市不可移动文物安全管理年度考核细则》等规范性文件，将不可移动文物的安全管理情况纳入政府的年度工作绩效考核，而且具有一票否决权（出现重大文物安全事故的，取消事故发生地人民政府在上一级人民政府的年度评先资格）。对区县不可移动文物安全管理进行考核，按机构设置、管理制度、应急预案、安全状况等量化打分，分值与市财政承担的30%专项资金挂钩，低于60分者，取消市级财政专项资金补助。

但从全国总体来看，文物系统这方面的制度建设情况与其他民生领域（如教育、环保、社会稳定等）相比，仍然较为滞后，尤其缺少中央环保督察那样对某项工作是否真正依法合规、是否受到主要领导优先重视、是否形成全局合力的综合"体检"和"奖惩"。因此，全国的普遍情况是：**地方主要领导对文物缺少敬畏心、对文物工作缺少压力感、对"保护文物也是政绩"缺少实践欲。文物工作政绩化需要加快配套制度建设（如文物资源资产离任审计制度）和加大奖惩力度，应该在文物密集区域选出专项试点区域①。**

除非发生重大文物安全事件，忽视文物保护并不会成为主要领导的政绩缺陷，与文物保护相关的规划、国土、发改、经信等部门更没有主动保护文物的动力②。可与之相比较的是环保工作：在日常工作机制难以形成合力的

① 在生态文明体制建设中，选出条件适合的重要区域进行专项制度建设试点是惯例。如中央确定了四个生态文明试验区（福建、江西、贵州、海南），其中的《生态文明试验区（福建）实施方案》明确建立领导干部自然资源资产离任审计制度，并从2016年起在莆田市和闽清县、仙游县、光泽县开展党政领导干部自然资源资产离任审计试点。

② 可以作为对比的是，计划生育相关部门都是计划生育委员会的组成成员，均有责任拆解到成员单位。尽管多数区域难以建立这样的体制，但在安阳、荆州、洛阳这样的文物密集分布区域，有必要也有条件建立类似的体制。洛阳已经开始这方面的尝试，在全国率先提出"凡进行基本建设，没有文物部门的审批手续，土地规划部门不办理规划许可证，计划部门不立项，城建部门不颁发施工许可证"，且在2017年编制了《全市域文物保护与利用总体规划》，初步实现了文物保护与经济发展、城乡建设等规划"多规合一"。

情况下，"十二五"以来，环保工作形成了中央环保督察机制，使各地履行《环境保护法》、确保环境质量达标有了巨大的、由上而下的政绩监督压力。文物系统尽管也加强了督察制度和队伍建设，但在推动"保护文物也是政绩"方面，与环保这样的领域差距巨大。

在这两方面的制度建设不力的情况下，即便地方文物局想加大文物保护工作力度，也有心无力，新增保护范围自然也难以顾及。

（2）影响文物利用总量的制度

这样的制度对增大文物系统的经济贡献，尤其对文物旅游扩大发展规模、提高发展效益的负面影响较大。原因是文物旅游管理在"统一、规范"标准上所面临的问题：管理不"统一"，文物旅游管理政出多门、权责不明，难以实现有效的行业管理；管理不"规范"，缺少针对文物旅游的统一、规范且具有可操作性的管理规章和标准。同时，文物系统基层管理机构的权责不匹配，人力资源不足，在保护任务尚难以完成的情况下，难以拓展利用的范围和程度，从而显著制约了文物利用总量的提高。另外，还有一些形成利用禁区但并非保护真正需要的制度。在文物系统对经济发展的贡献中，可以发现文物旅游的贡献尤其是博物馆的贡献中，大量高品质文物资源因为文物库房制度过于苛严而难以变成旅游资源：客观上，将部分藏品对安全系数的要求扩展到整个文物库房，将文物库房变成利用的禁区。大部分博物馆倾向于将藏品的安全和保护作为第一要务，尽量减少藏品与外界接触的机会，减少藏品的提用次数，对如何有效地利用藏品则考虑得很少。博物馆系统没有把充分有效地利用藏品以满足公众和社会的需要，作为衡量博物馆工作的标尺。主观上，博物馆工作中存在着"重藏轻用"的思想。许多制度的本意是将博物馆定位为文物收藏机构，认为其主要职责在于收藏，而非满足公众文化需求。

（3）造成利用效率不高的制度

利用效率不高的制度障碍主要源自文物系统的资金机制和经营机制。文物保护单位的资金机制和经营机制是确保文物保护单位实现"合理利用"的制度保障。资金机制上，呈现以财政拨款为主、市场和社会渠道相对滞后的局面，且地域差距明显。文物保护单位资金整体不足是影响利用效率的主要"瓶颈"之一。经营制度上，没有划分空间范围和业务范围。经营对文物保护单位的管理来说有三方面意义。①经营本身是一种利用方式，是商业化的利用方式。这种方式具有活动范围大、活动效率高和参与人积极性高等特点，可以显著增强文物资源的文化影响力。②经营是重要的资金来源渠道。在文物保护单位财政、社会和市场三条资金渠道中，经营是市场渠道的主要方式。③经营可使不可移动文物在一定范围内按照某种方式成为产业资源，而产业资源需要可持续利用，这就使相关政府部门以及营利性社会力量可能致力于资源保护。换言之，经营可能使更多的利益相关者参与到文物保护中来。然而，由于没有空间范围的划分，公益性和非公益性的难以实现平衡，政府与市场范围不明确，利用效率难以提高。

在博物馆发展文物旅游过程中，没有建立全面的博物馆馆藏文物共享机制和进行策展人制度等人事制度创新，也是文物利用效率不高的重要原因。目前，馆际文物资源共享机制和交流沟通机制不畅，严重限制了文物的合理流动，导致博物馆总体展出率偏低。2012 年，国家文物局对中央和地方共建的 9个博物馆馆藏文物展出率进行统计，其中最高的不足 5.0%，最低的仅 1.2%，平均不足 2.8%；新建的一些市县博物馆，馆藏文物还无法满足基本陈列[1]。策展人人事制度[2]不健全也阻碍了文物参与旅游商品"制造"。当前，国有博物馆的展陈人员多侧重于器物研究，举办器物类展览方面的能力较强，但从事历史文化传播相关展览的能力较为局限；国有博物馆尚没有建立起自己的策展人培养体系，缺乏成熟的策展人特别是展览内容设计人才，对此类人才的需求非常迫切。

---

① 摘自 2014 年 7 月时任国家文物局局长励小捷在银川召开的加强文物合理利用工作交流会上的讲话。

② "策展人"一词源于英文"curator"，通常是指在博物馆、美术馆等非营利性艺术机构专职负责藏品研究、保管和陈列的专业人员。陈列展览离不开优秀的策展人及策展团队。中国在现代艺术展览中率先引入策展人概念。近年来，中国博物馆界也开始了有益的尝试。国家文物局在《关于提升博物馆陈列展览质量的指导意见》中明确提出要建立博物馆策展人人事制度。

（4）容易造成利用有损保护的制度

首先，没有建立文物相关补偿机制。这种机制的缺失，对大遗址的影响较为明显。部分大遗址项目区（如良渚大遗址）已经初步构建了文物相关补偿机制，出台了直补、以奖代补和产业扶持等多种类型的补偿措施。然而，大遗址项目整体上尚没有建立完善的文物相关补偿机制，造成大遗址的利用和建设对周边经济社会产生的负面影响无法弥补。从概念和机制设计的角度看，应构建具备全面性和可行性的大遗址补偿机制，从制度上明晰"为何补、补给谁、谁来补、补多少、怎么补"五个问题的答案和操作细节。另外，大遗址的类型差异较大，不同空间位置、不同管理方式、不同保护利用状况的大遗址，所产生的负面影响不尽相同，补偿方式也应该有所差别。

其次，文物经营机制不健全造成经营超过保护的"度"。中国在文物经营机制建设上仍处于摸索期。许多文物经营机制难以合理把握保护与利用的"度"，难以保证公益性。文物管理单位既当"裁判员"又当"运动员"的现象十分普遍。从目前来看，文物管理单位的经营活动方式，可总结为三类：①整体交由企业经营；②地方政府或文物管理单位成立全资或份额较大的公司，由这个国有企业来开展经营活动；③特许经营，即企业负责合法合规范围内且与保护、展示活动关系不大的业务（如餐饮、住宿等）。从目前文物系统的情况来看，第②种是主流，第①种最近几年被屡禁而难止，第③种则是一种发展方向。第①种和第②种方式随处可见，并屡屡发生不利于文物全面发挥公益性功能乃至影响文物本体保护的事件。尤其是在高级别政府财政难以承担主要事权的情况下，许多文物管理单位不得不开展多种方式的经营，还有一些文物管理单位在地方政府支持下主动开展甚至"刻意绕开法规"后开展经营活动。全国出现了较多的不利于文物保护甚至直接损坏文物的负面案例①。

---

① 2008年文化遗产蓝皮书专门分析过的曲阜"水洗三孔"是这方面的典型案例。这种情况并未被禁绝，因为诸多文物管理单位整体的实质管理仍然由企业承担。

表 2 - 5　文化遗产事业发挥贡献的制度障碍

制度障碍	具体案例
影响文物利用总量的制度	①文物旅游发展的管理制度既不"统一",也不"规范"; ②博物馆系统对文物库房的管理规定过于严苛,没有考虑保护要求不严的文物在利用上的可能性,导致形成利用禁区
造成利用效率不高的制度	③文物系统的资金机制和经营机制无法对市场主体形成激励,致使其投身文物利用事业的公益性利用和经营性利用都不高效; ④没有建立全面的博物馆馆藏文物共享机制和策展人人事制度,阻碍了文物在馆际的流动效率
容易造成利用有损保护的制度	⑤补偿标准的不明确和补偿机制的缺失,造成大遗址的利用和建设对周边经济社会产生的负面影响无法弥补; ⑥文物单位的经营机制政企不分,难以合理把握保护与利用的"度"

2. 从生态文明体制改革的视角比照分析文物保护利用问题的制度成因

生态文明是中国新的发展阶段,2015 年 9 月发布的《生态文明体制改革总体方案》对推动生态文明发展必需的八项基础制度进行了配套设计。按照这样配套设计的角度,结合其事前、事中、事后的思路,可以从规划、确权、绩效考核和责任追究制等几个方面比照分析文物保护不到位和利用方式不合理的制度成因。

（1）规划机制

大遗址是中国重要的不可移动文物,其保护的复杂性也与时俱增。城市化进程和大遗址保护之间的矛盾依然突出,规划问题是其中一个矛盾。例如,良渚遗址群的范围达到 42.02 平方公里,其中重点保护区面积为 13.74 平方公里,但是大遗址保护范围的不少区域处在城市发展的核心区域。良渚文化村之前就是在大遗址保护范围内建高端的酒店、昂贵的别墅,虽然先于大遗址保护规划获得批准土地,但在后续的建设中对大遗址造成了破坏。无独有偶,2016 年 12 月,陕西咸阳宫遗址保护区的秦汉新城管委会在没有和文物保护部门充分沟通的情况下,未对二十三处遗址进行考古勘探就擅自开工,造成遗址区的大范围破坏。该建设的地点在文物保护核心地带的缓冲区,也在大遗址保护范围之内。

健全保护范围、完善大遗址规划应当根据遗址的类别、规模、内容以及周围环境的历史和现实情况合理确定，并在文物保护单位本体之外保持一定的安全距离，确保文物保护单位的真实性和完整性，可以进一步划分为重点保护范围和一般保护范围，在保护范围外侧，根据控制的力度和内容划定建设控制地带。这样的划分对于大遗址本体的保护具有一定的现实意义。

2005 年《西安宣言》提出将保护范围扩大到周边环境的新理念。综合国内外文化遗址的保护经验，理想的大遗址保护规划区应该包括：保护范围、建设控制地带、环境协调区（或缓冲区）。除规划范围模糊，中国大遗址规划管理的法律法规体系还不完善，不能满足大遗址保护利用的需要。目前，大遗址规划管理的主要依据是 2002 年修订的《文物保护法》和与其相关的《城乡规划法》《历史文化名城保护条例》《刑法》等，没有专门针对大遗址的法律法规。

完整的规划管理体制不但需要有合理的机构设置和相应的职能分配以及法律法规的保障支持，还要有必要的监督评价机制对整个管理体系进行指导和完善，但目前的大遗址保护规划管理中缺乏必要的监督机制和管理评价机制。

（2）资源产权制度

当前中国的文物产权管理制度几乎空白，文物权属与其附属地的地权管理分离，文物保护与经济建设、社会发展存在多元主体、多目标并存的现象，缺乏统筹协调。具体来说，数量庞大和分布广泛的国有不可移动文物资源及与其不可分割的土地，绝大部分的实际日常占有使用和管理权分散在各级各类不同性质机构和个人手中。国有文物保护利用要求与实际占有使用者生活发展需求，存在严重的双向信息不对称。这正是传统文物行政管理体制薄弱的症结所在，是文物保护脱离文物系统难以有效实施的症结所在。仅靠行政管理和专业技术管理手段难以有效解决文物保护与社会经济发展的矛盾，需要通过产权管理从根本上解决这个矛盾。通过文物登记、确权和财税政策引导，使不可移动文物的所有者在与文物行政管理部门信息对称的情况下对文物进行业主式的管理和保护。

这方面的制度改革在文物系统刚刚引起重视且争论不小①，直至《关于加强文物保护利用改革的若干意见》明确了这个制度的发展方向和重点②。文物系统应据此结合不同类别文物的属性特征，抓紧建立相关配套机制，理清文物权属，及时填补这个"管权"的制度空白。

（3）补偿制度

建立生态补偿机制，是建设生态文明的重要制度保障。近年来，有关地区和部门在大力实施生态保护建设工程的同时，积极探索生态补偿机制建设，在森林、草原、湿地和水资源、矿产资源、海洋以及重点生态功能区等领域的生态补偿机制方面取得了初步成效。但比较而言，文物相关补偿制度只是在各地开展了形式多样的试点，没有系统化，也没有上升到国家层面的制度化。尽管文物保护可能产生经济效益，但总体还是公益性明显的事业，没有纵向、横向多种形式的补偿制度，很难在较短的时间内让保护的单位和个人获得与其机会成本和劳动成本相符的回报。模仿生态补偿机制，在国家层面对文物相关补偿制度进行顶层设计并安排专项资金，是解决保护不到位和利用不合理的经济基础。

（4）领导干部政绩考核和责任追究制度

"保护文物也是政绩"，这是习近平总书记指明的标准和文物工作的改进方向。但传统的政绩考核体系里基本没有全面、真正体现对文物保护工作的考量③，一般在出现文物安全重大事故后才对相关干部追责且不会追责地

---

① 中国财政科学研究院刘尚希、陈曦在 2018 年 4 月 3 日《中国文物报》第三版发表了题为《不可移动文物——从资源到资产》的文章，其中提出"不可移动文物资源和资产、资产和潜在资产在一定条件下可以相互转换，转化条件则应取决于政府行政管制要求以及公众对于不可移动文物资产的公共服务需求"。这样的提法在文物系统引起轩然大波，但很多文物系统专家在讨论文章中并没有分清资产化和货币化的区别，说明文物系统的一些人还没有这方面的基本概念，也没有明晰中央的改革方向。

② "建立文物资源资产管理机制。健全国有文物资源资产管理体系，制定国有文物资源资产管理办法，建立文物资源资产动态管理机制。实行文物资源资产报告制度，地方各级政府定期向本级人大常委会报告文物资源资产管理情况。"

③ 目前已有的尝试可参见专栏 2－1，其中显见这样的尝试对文物保护工作的支持还只是局部的、力量有限的。

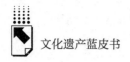
方主要领导（这与中央环保督察和祁连山自然保护区事件中的追责形成强烈反差），即"政绩难见文物"和"追责只是亡羊补牢"，难以体现预防管理、风险管理、终身管理的理念，也难以使"让文物活起来"成为领导干部追求的目标。这方面亟待通过领导干部政绩考核和责任追究制度来填补空白，尤其应在文物资源分布集中、文物与当地经济社会发展关系密切的区域优先试点，既使文物保护责任到人、责任清晰，也使文物利用的政绩体现效果与20世纪80年代发展经济的政绩体现效果具有相似性。

（本章初稿执笔：卓杰、魏钰、王宇飞、陈吉虎、刘亚宁、沈芳漪）

B.3
第三章
文物系统和社会各界形成合力的措施

本章要点：

1. 政府主导、社会参与的模式并非只是文物部门主导，而是根据工作领域由不同的政府部门或多个政府部门主导，这样才能形成利益共同体"共抓大保护"，并使"文物保护成果更多惠及人民群众"。形成合力，需要保护和利用的技术路线创新和相关体制机制创新来保障。

2. 文物的活化利用，也不可能只是文物部门控制甚至主导，而是要根据文物的形态、意欲活化的方式和需要调动的相关行政资源，发挥相关部门的主动性。广东省住建部门主导的南粤古驿道项目实现了让路人愿去、让政府愿干、让商人愿投的局面，产生了道路连通变活和填补文物工作空白的效果。

3. 从参与文物工作的角度看，适合国情的文物保护利用之路是：文物在公众中活起来，在"官场"中会说话。这样，就会形成政府部门齐抓共管、公众共抓大保护并享受大保护的局面，文物工作自然就能得到加强。

尽管文物工作中经常提的是政府主导、社会参与，但现实中文化遗产事业主要还是由文物部门在推进。在目前的国情下，文化遗产事业越来越体现为国家事业和民生事业，与经济社会发展的多个方面在利益层面上紧密相关。贯彻中央 17 号文"进一步加强文物工作"和习近平总书记关于"走出一条符合国情的文物保护利用之路"的重要指示精神，文物系统必须和社会各界形成合力，才可能"让文物活起来"。要形成合力，不仅需要新的文物保护、利

用方式，更需要政府主导下的多元共治治理结构①，以让文化遗产事业的各利益相关者形成利益共同体，从而实现文化遗产人人保护、保护成果人人共享②。

一 文物工作中各利益相关者的角色和多元共治模式

（一）文物工作中的利益相关者结构及其导致的问题

加强文物工作，包括保护、利用两个方面，涉及多方利益相关者。可以文化遗产地③为例作图来形象展示这种利益相关者格局（如图 3 - 1 所示）。

在过去的发展模式下，中央政府是文化遗产资源的名义所有者和推动文化遗产管理体制改革的最终力量，因此也成为文化遗产管理体制改革中利益相关者的源头，居于利益相关者结构的顶层。但由于委托—代理制度④，中央政府

---

① 需要说明的是，本书中提到的多元治理结构，并非像英国文物工作中那样社会组织可能起到更重要作用的管理格局，而是政府主导下的多元治理结构［英国的文化遗产众多，大部分文化遗产的产权人是私人或各种社会组织，国家所属的文化遗产数量较少。这既是历史形成的，也因为政策（如1983年《国家遗产法案》）实施后，一些遗产继承人因无力交付40%的遗产税（现金）而将遗产捐献给国家和各种组织的基金会］。目前，英格兰国家文化遗产管理机构仅管理400多处文化遗产，而 The National Trust（国民信托基金会）这个英国最大的文物非政府组织，拥有文化遗产上千处（约360个古建筑、花园和公园以及各类保护地，管理约2500平方公里的土地）。

② 这是2010年中国文化遗产日的主题，用在此处是想说明目前按中央要求做好文物工作必须强调此点。

③ 按《国务院关于加强文化遗产保护的通知》（国办发〔2005〕42号），文化遗产可分为物质文化遗产和非物质文化遗产，其中物质文化遗产基本等同于文物。现实中，许多规模较大的文化遗产，如历史文化名镇和大遗址，常常包括物质文化遗产和非物质文化遗产甚至自然遗产（如清西陵中有数千亩天然林，参见2010年蓝皮书技术报告第一章的说明），这类遗产在空间形态上接近面和线，在管理要求上接近自然保护地，与通常的空间形态呈点状的文物保护单位有较大区别（难以实现封闭、隔离式管理），因而也常常被称为文化遗产地（这相对于自然保护领域自然保护地的概念，英文里可用 protected area 来泛指）。

④ 即中央政府不可能直接对大多数文化遗产地行使管理权，地方政府实际上在代表中央政府行使管理职能，但地方政府难以获得中央政府所有的权力和资金，因此其利益维度显著区别于中央政府。具体可参见2008年蓝皮书技术报告第一章。

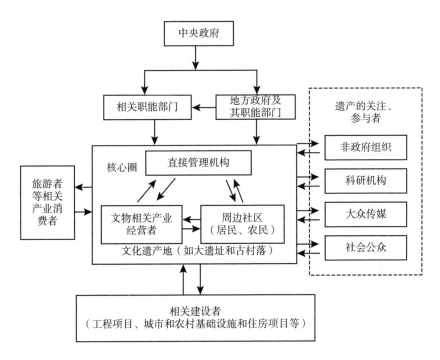

图 3 – 1　文物工作中的利益相关者格局（以文化遗产地为例）

并未能进入文化遗产管理利益相关者的核心圈。由于文化遗产的多层委托代理体制，地方政府下属的直接管理机构成为文化遗产地事实上的日常管理主体，并与介入文化遗产地经营管理的营利性社会力量及周边社区组成利益相关者核心圈。相关建设者、相关产业消费者和遗产的关注、参与者都需要通过这个核心圈与文化遗产资源发生关系。不过，地方政府下属的文化遗产地直接管理机构在职能、干部管理、资金管理上都全面受制于地方政府，并不具备独立决策权和真正的空间管制权（如文化遗产地范围内的土地资源及相关的项目审批权都在地方政府的职能部门手中）。

　　这种看似稳定的利益相关者格局，因为地方政府的牟利驱动和文化遗产直接管理机构的赋权不足而具有不可持续性：相当数量的地方政府往往过分采用"简单粗放"的开发利用方式（如发展大众观光旅游产业或在周边进行房地产开发），忽视文化遗产的保护，事实上形成了文化遗产"以经济发

展为先，快速贴现、变现"的片面的、不可持续的文化遗产价值实现机制。这种价值实现机制的建立不是从文化遗产事业本身发展规律出发，而是以不可持续方式利用文化遗产换取"经济效益"，把文物这种对国家乃至全人类具有重大价值，必须长久储存、永续合理利用的特殊资源进行了快速的"贴现、变现"。这种格局可以详细分析如下。

第一，职能管理部门。中国与文化遗产管理有关的政府部门，从职能上看，包括文化、旅游、文物、建设（在很多地方又细分为园林、规划等部门）、档案、民族宗教等部门①；从层级上看，涉及从中央到乡镇五个政府层次。不同职能不同层级的政府部门之间存在委托代理关系，凭借不同的权力，按照不同方式对文化遗产地的发展施加影响。条块管理、职能分散的管理体制，对文化遗产地的发展形成制约。中国文化遗产管理单位涉及多个不同职能的主管部门，它们的利益维度存在差别（如旅游部门和文物部门之间），所制定的相应法律和法规相互交叉，有时候还有冲突。这就造成了中国文化遗产管理单位的管理在参考相应的法律法规时存在多重制约。

第二，地方政府。从中国文化遗产的管理现状来看，中央政府将文化遗产的管理权和监督权实质上委托给地方政府（《文物保护法》中强调了文物保护的属地责任），由地方政府代理中央政府成为文化遗产的日常管理主体——充分责任主体和财政支持主体。事实上，地方政府在文化遗产的管理中，充当"既是运动员，又是裁判员"的双重身份。地方政府不仅承担引来投资商发展文化遗产地旅游业、搞活地方经济、让更多的人接受文化遗产地的教育功能、实现文化遗产资源的文化价值，还作为监督者，在发展旅游时考虑文化遗产地经济、社会和环境的协调发展，监督经营者的经营行为，保护文化遗产。在这里，地方政府的行政管理水准在文化遗产的管理和保护中显得非常重要。在中国，常常是一流的国家级、世界级文化遗产，却遇到县乡低水准政府的管理和保护。在 1994 年分税制改革后，尽管全国的经济保持了高速发展、各地政府的财力显著增强，但是由于"事权下放、财权

---

① 未考虑 2018 年机构改革的情况。

上收"，地方政府易于优先追求经济发展，重视对文化遗产的开发和利用，忽视文化遗产的保护和教育功能。不可否认，中国某些文化遗产保护与发展的冲突，往往体现在地方政府处于双重角色的冲突中。解决这一根本问题，必须在加大对地方政府文化遗产保护转移支付[①]的同时，建立独立于地方政府的监督体系，让地方政府在拉力和推力双重作用下改变利益维度。

第三，直接管理机构。这里的管理机构是指文化遗产资源的直接管理机构。从中国目前文化遗产资源的管理现状来看，文化遗产地的管理机构大多是当地政府的派出机构，受地方政府委托、代表当地政府行使对资源的保护和管理权。但是，由于体制的原因，大部分文化遗产地的管理机构并没有纳入政府的行政序列，只是存在有部分行政管理权的事业单位，甚至实行的是事业单位企业化经营，其弊端主要体现在三个方面。①难以统一管理。某些自然文化遗产具有多重头衔，如辽宁千山国家级风景名胜区（其中有两处全国重点文物保护单位，同时挂了森林公园牌子），其管理机构并不属于文物行政管理部门。各文化遗产地往往设有文物管理、宗教管理、旅游管理等各部门的派出机构，这使得文化遗产管理机构管理权利的统一性受到挑战。②激励不相容[②]。不少地方的文化遗产地管理机构采用事业化管理企业化经营模式，文化遗产地直接管理机构易于成为既是管理者又是经营者的激励不相容角色：经营者必然追求短期经济利益，而作为国有公共资源的管理者必须保证公益性，二者基本不可能在同一个利益主体上相容。③有心无力。"十二五"以来，越来越多的文化遗产管理机构摒弃了事业单位企业化管理模式，采用了管理者和经营者分开、管理者是公益类事业单位的模式[③]，但仍然难以"守土尽责"，原因是其并没有获得最重要的"两个统一行使"权利，难以

---

① 2000年后，中央政府对各地用于文物工作的专项转移支付资金大幅增加，新设立了大遗址、博物馆免费开放等专项资金（其后一些专项被统筹合并）。

② 参见第二章专栏2-1中的相关解释。

③ 例如，第二章专栏2-1"文物管理单位在"权"上与其他系统管理机构的差别"介绍的十三陵特区的管理体制改革。在发生文物重大安全事故后，十三陵特区管理办公室通过剥离旅游经营职能、组建世界遗产管理中心和文物安全管理中心、退出旅游商店和经营场所等改革措施，大体实现了管理者和经营者分离，初步改变了原来的激励不相容。

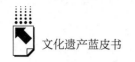

对"面状"的文化遗产地行使完全的管理权。尤其是国土空间用途管制权的缺位，使得大多数文化遗产地管理机构难以控制"法人犯法"的行为。

第四，周边社区。从中国文化遗产地的实际发展情况来看，周边社区居民最大的利益诉求是通过发展遗产地的旅游业来增加就业、收入，改善基础设施，提高社会福利和生活状况，促进当地经济发展。他们对文化遗产的资源保护认识不够，特别是对文化遗产的教育和文化消费功能认识不够。只有当经济发展到一定程度，周边社区居民能够意识到遗产旅游开发影响其生存环境和生活质量时，他们才开始重视对文化遗产的保护。在分布有古民居等物质文化遗产的农村中，农民具有尽快提高生活质量、改善生活条件、美化乡村环境的强烈动机。但由于缺乏文化遗产的保护和开发知识，他们狭义地把"新村建设""新民居建设""基础设施建设"当作"新农村建设"，使得在文化遗产地的新农村建设中，一些古村落、古建筑、文化习俗等文化遗产遭到破坏或丢弃。目前从中国文化遗产地资源开发的实践来看，一方面当地社区渴求开发给他们带来实质性的生活改观，因而具有强烈的开发动机；另一方面却是社区居民在旅游开发中被边缘化，其参与机会较少，所获得的收益与他们的预期相去甚远。

第五，文物旅游产业经营者。文化遗产事业与经济建设之间的结合点，是以文化遗产为基础的旅游业及相关产业。数量不少的遗产旅游项目重利用、轻保护，没有严格按照《文物保护法》来约束、规范旅游开发，导致文化遗产资源遭到破坏。目前，中国文化遗产资源的旅游产业经营者有三类：一类是与文化遗产管理部门合二为一或者由管理机构牵头派生出的旅游公司，此类经营者占大多数；一类是真正意义上的外来投资商所投资的旅游企业；最后一类是当地社区居民开发的个体或集体所有制的旅游企业，这类企业所占比例较小。这三类企业由于处在一种非平等的竞争格局中，因此所获收益不一样。其中前两类企业各自凭借机制、资本的优势，垄断了大部分营利性的业务，第三类企业则只能提供一些简单的服务。不管是哪一类企业，都是受地方政府或部门委托对文化遗产资源进行经营。在地方政府或部门委托或转让给企业经营的交易关系中，地方政府能看到遗产资源保护的结果，但难以精确把握旅游企业保护资源的行为。由于不严格执行《文物保护法》、地方政府缺少必要的监督审批机制和企业存在独立的利益追求，再加上企业对文化遗产方面的成本不承担直接责任，因此文物旅游产业经营者易于走到保护的对立面。

第六，相关建设者。在经济建设和文化遗产保护方面，建设者一般不会注重协调经济发展与文化遗产保护之间的关系。在国家大型建设工程、基本建设重点项目，建设者只注重工程的进度和质量，忽视甚至破坏文化遗产，特别是破坏文化遗产地的原真性，造成文化遗产为工程让路。在城市化建设中，建设者为发展经济，改善城市面貌，在对城市街道、古城、古建筑、古民居等进行旧城改造和商业开发建设时，忽视文化遗产整体搬迁、科学规划和遗产保护，虽然改善了城市面貌，提高了居民生活质量和环境质量，但同时也导致文化遗产街区和城市文化文脉遭到毁灭性破坏。在新农村建设中，建设者只注重新村建设、环境改变，没有注重科学的整体规划和加强对农村文化遗产的保护。

第七，旅游者等文化遗产相关产业消费者。以旅游者为代表的文化遗产资源地的相关产业消费者，他们的消费内容不仅包括了解遗产资源地自然、文化等方面的知识，享受当地的基础设施服务，还包括旅游企业提供的各项旅游服务。旅游者希望了解和学习到遗产资源旅游地最真实、原真的文化价值，因此从这个意义上讲，旅游者具有很强的保护动机。但是，如果遗产资源旅游地基础设施和相关服务差，如交通不便、食宿服务跟不上，必定影响旅游者对遗产文化价值的享受。从这个意义上来讲，他们具有强烈的开发需求。

第八，文化遗产的关注、参与者。为了研究方便，本书将各类社会组织、媒体、科研机构及社会公众合为一类——文化遗产的关注、参与者，他们以不同方式参与到文物工作中。

各类社会组织是中国文化遗产地保护使命的协助者。目前来看，由于中国遗产地均归国家所有，国家有专门的机构对这些遗产资源进行开发和保护，因此社会组织很难直接管理（除非以特许保护的方式）。虽然基金会等

社会组织为文化遗产地的管理提供了资金和人力上的帮助，如 ICOMOS 等国际组织在遗产地的规范保护、国际支持上做出了贡献，但相对英国、美国等国家，社会组织在中国文化遗产保护利用上的作为空间还很小。

媒体的功能是两方面的，它可对遗产地的开发起到很好的宣传推广作用，也可曝光、监督遗产地开发中的违规违法行为，对过度利用和过度开发行为进行监督。事实上，目前中国很多有关文化遗产的冲突事件，经过媒体曝光后得到很好的解决。因此可以视媒体为文化遗产保护和开发的宣传监督者。但是总体而言，现行的媒体管理体制导致媒体对文化遗产保护和利用的监督力度、深度和广度还不够。

科研机构是中国文化遗产保护的研究者和指导者。文化遗产的保护需要大量的专业人才和专业知识，科研机构在这方面就能很好地发挥作用。同时科研机构通过丰富的专业知识，以及理论倡导和学术成果，对政府文化遗产保护政策和开发政策的制定产生重要的影响。

社会公众也是文化遗产的利益相关者。一方面，由于中国中央政府代表广大社会公众对所有文化遗产资源享有所有权，因此，一般社会公众可以享受文化遗产资源带来的文化价值，享有受文化教育、文化消费、提高生活质量和社会福利的权利。另一方面，文化遗产资源遭到破坏、环境恶化等问题也和社会公众的利益息息相关。但是，在传统文化遗产管理体制下，社会公众的合法权利受到限制。

通过对文化遗产利益相关者的分析，我们可以得出这样的结论：转轨时期形成的文化遗产利益机制事实上造成了以不可持续方式利用文化遗产换取"经济效益"的现象，把文化遗产这种对国家乃至全人类具有重大价值、必须长久储存和永续利用的特殊资源进行了快速的"贴现、变现"，并导致文化遗产经营管理单位的公益性不够，文化遗产事业的三大功能不能和谐发挥。

根据上文对文化遗产地管理体制现状及各利益主体的分析，可以看到，文化遗产现行的"以经济发展为先，快速贴现、变现"的利益机制的主要问题有以下几个方面。

第一，各利益主体的权利、责任和义务没有严格、合理的界定，政府、文化遗产地管理机构、相关事业单位、企业之间分工不明、关系模糊。

第二，作为保护者的各文化遗产地主管部门主要利益主体的主导地位下降，致使文化遗产资源保护与可持续利用的目标无法实现。

第三，作为开发者的开发企业和部分事业单位等利益主体的开发经营活动缺乏强有力的约束监督机制。

第四，当地居民的利益要求没有得到充分重视，并具有从边缘开发者或边缘保护者向开发者转化的严峻趋势。

第五，文化遗产管理中存在经济功能发挥无序和矛盾处理乏力的现象。

第六，文化遗产的公益功能发挥不足，文化遗产的三大功能和谐发挥受到限制。

由于文化遗产体制涉及许多利益相关者，因此，在以"经济建设"为中心进行管理体制市场化改革的大潮中，文化遗产的经济功能被过度强化，导致出现短期经济效益；再加上文化遗产的多层委托代理体制，地方政府成为遗产的管理者，为发展经济，重视文化遗产的开发和利用，忽视文化遗产的保护，忽视文化遗产三大功能的和谐发挥。

但随着中国社会转型和发展，随着人民生活水平提高，文化遗产的价值重要性和资源的特殊性越来越受到重视，文化遗产事业的公益性功能对经济社会发展的作用也显得越来越重要——这相当于文化遗产事业管理体制改革的客观约束和主观管理目标都在发展变化。因此，现行的偏重经济效益的文化遗产利益机制，存在许多需要完善的地方。但在这种利益相关者格局下，一方面地方政府的多数职能部门可能和开发建设者沆瀣一气，漠视文物保护的重要性；一方面文物部门有心无力，难以"守土尽责"，而公众也会因为文物保护事不关己而对文物破坏行为漠然视之。2017 年被处理的贵州独山县龙家民居被毁事件就是这样一种利益相关者格局的典型：龙家民居为当地清末民初民居建筑典范，具有较高的文物价值，2002年被独山县人民政府核定公布为县级文物保护单位。2013 年 7 月，独山县人民政府引进贵州银象乾坤置业发展有限公司，开发建设"中央城"房地产项目，建设地块紧邻龙家民居。2016 年 8 月 19 日，建设单位和施工单位不顾文物执法部门的责令停工要求，强行拆除龙家民居，导致文物本体整体灭失①。这种情况反映了两方面的现实：①文化遗产保护的利益相关者格局必须调整，在加强文物部门工作的同时必须形成全社会的合力，包括各级政府、政府各部门的合力和社会各界的合力；②对文化遗产的利用方式要创新，必须让文化遗产的保护成果为公众共享，让社会各界形成利益共同体、共抓大保护。

（二）形成利益共同体才能形成共抓大保护的生命共同体

在生态文明体制建设中，大家耳熟能详的话是"山水林田湖草"是一个生命共同体。但**要真正形成生命共同体，让各利益相关者共抓大保护，前提是形成利益共同体**。在文物工作中，同样存在这样的情况，前述利益相关者不形成利益共同体，很难长期、自发地共抓大保护，也难通过诸方获益让文物全面活起来。

文化遗产保护遇到的难题与自然遗产保护相似。对自然遗产保护来说，共抓大保护的一个状态是："山水林田湖草是一个生命共同体"。这话对，但也不尽然，不是因为还少了海、漠（生态系统或生态要素可以列举得更多，这六者只是代表），而是遗漏了人——人类的生产生活环境实际上已经成为很多生态系统不可或缺的要素。除了少数无人区，中国的自然保护地中人口众多（仅 2000 多个自然保护区核心区的原住居民就数以千万计），且很多地方形成了天人和谐的关系（如三江源适当强度的游牧活动与高寒草甸生产力的保持、秦岭传统方式的水稻生产与朱鹮的生存），即人家本来就在一起共同生活甚至形成了"共生"关系；同时，自然保护地的土地有相当比例归集体所有（南方集体林区域尤甚），即人家有"权"属于生命共同体。这种情况下，照搬《自然保护区条例》，尤其是中央环保督察和"绿盾

---

① 具体情况可参见 2017 年下发的《国家文物局关于贵州省黔南州独山县县级文物保护单位龙家民居遭拆除案调查处理情况的通报》。

行动"，以《自然保护区条例》为尺按尺下刀，就难免既不合理也不合情。2018 年 9 月起，中央已经从环保督察开始对前期"一刀切"的做法纠偏，但要真正形成生命共同体、全民共抓大保护，还得靠制度创新，使原住民和地方政府与中央政府形成利益共同体。在这些创新中，解决土地权属妨碍统一管理的问题并保留原住民的"共生"益处，可以通过保护地役权制度实现。

形成利益共同体，从治理结构来看，需要形成政府主导下的多元共治模式。

现代化国家的特征之一是形成现代化治理结构：政府、市场和社会组织等多元主体广泛参与和共治，各方在社会活动中权责明晰、各尽所长。形成现代化治理结构，既是现代化国家发展的共同规律，也是党中央的要求①。这种规律的存在，是因为社会活动中的多数，不属于必须靠行政强制力量实施的社会管理和基本公共服务，可以调动各方力量参与，形成政府支持、社会参与的局面。在中国走向现代化的过程中，越来越多的社会组织会承担越来越多的治理任务，在文化遗产领域也是如此。对于这一点，文物系统多年前就有认识。例如，2008 年中国文化遗产日的主题就已定为"文化遗产人人保护、保护成果人人共享"。但在实际工作中，这种多方参与并没有形成多元共治：多元共治，既要多元，又要共治。这种治，包括工作目标、管理方式和激励机制，以政府为主导但不能都以政府为主导，而要利益相关者共同参与，尤其是群体的利益代言者要发挥更重要的作用。形成多元共治，既需要社会组织真正代表群众、当好平台，也需要相关事务和职能真正主要由社会组织来承担：前者意味着要形成向上负责和向下负责结合、管理力量具有最广泛代表性的组织；后者意味着要放权，包括相关行政资源（指权利和体制内的机构和队伍等）交由社会组织来调配、相关事务交由社会组织

① 2013 年 12 月 15 日，习近平同志发表署名文章《切实把思想统一到党的十八届三中全会精神上来》，其中明文："坚持把完善和发展中国特色社会主义制度，推进国家治理体系和治理能力现代化作为全面深化改革的总目标。"

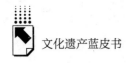

来组织或协调①，其中，厘清政府权责范围并合理转移行政资源是基础。

文物工作有没有可能形成政府主导下的多元共治？多元共治的形态是怎样的？实际上，有些地方的文物工作已经在这方面有了雏形，可以山西"文明守望工程"为例来说明：这是中国首个省级政府主导的社会力量参与的文物保护工程。这个工程对中国各地文物部门调动各方面社会力量形成文物保护的合力具有里程碑意义。这个工程是按照 2017 年 3 月 11 日山西省政府印发的《山西省动员社会力量参与文物保护利用"文明守望工程"实施方案》进行的，旨在进一步动员和鼓励社会团体、企业、企业家、社会热心人士、当地居民等社会各方面力量，通过文物修缮、捐赠、看护巡查、展示利用、文化创意、志愿服务等多种形式参与文物保护工作，努力形成"政府主导、社会参与、成果共享"的文物保护新机制，真正让文物"活"起来。这个工程，有文件（设计），有措施（推动），有参与（方式），有共享（渠道）。除了还没有完善的社会监督和更多形态的利益共享机制，已经大体呈现了多元共治的形态。上述两方面不足，与这个领域没有强有力的社会组织搭建平台有关。社会组织是推进"国家治理体系和治理能力现代化"不可或缺的动力，可以发挥两方面重要作用：①促进厘清政府、市场、社会的边界，架起群众与政府之间的桥梁；②充分反映各方面诉求，形成信息共享、协调各方的公共服务平台并高效精准地提供公共服务。

如果有这样的社会组织，搭建信息共享和公众参与的平台，将公众的力量整合起来，文物部门就不会独木难支，也不会只有一条给上级文物机构当

---

① 以是否在民政部门登记注册为标准，可将社会组织大体分为三类，其中按照社会组织管理法规在各级民政部门正式登记注册的合法存在的社会组织是主体，如社会团体、民办非企业单位、基金会等。这类社会组织获得法律地位的关键就是政府的同意。这类社会组织一经成立，政府就须转移其部分社会职能以"合法"延伸其对社会组织管理的权利，使社会组织成为政府解决社会问题、满足社会需要的辅助工具。本质上，这样的社会组织参与的多元治理仍然是政府主导下的〔例如，中国有 22 个群团组织由中央管理，包括工会、妇联、共青团以及专业领域的计划生育协会等，其组织形式异于政府，代表性好于政府，渗透性强于政府（如私营企业内可以设计划生育协会开展相关服务工作，但不可能由计划生育行政部门直接插手到企业内部开展相关工作），在政府主导下，可以使政府的相关工作得到更有利的配合和更好的执行〕。

"线人"的求助渠道，反而可能发展出在遇到强行违法开发的地方领导时与社会组织联手制衡的工作方式，并能使政府各部门参与文物工作的绩效有一个组织去关注乃至"公示"，促使人民群众对文物的向往有一个形成合力的渠道。当然，这样的多元共治，要真正形成利益共同体，还需要在文物利用方法上进行创新，使人民群众在文物保护上成为利益共同体。

（三）以良渚为例的利益相关者分析及体制机制创新的良渚经验

良渚遗址位于杭州北郊余杭区境内，是全国重点文物保护单位，保护区面积42平方公里，保护规划区划面积111平方公里。良渚是目前已发现的中国乃至世界上，距今五千年同时拥有城墙和水利系统的规模最大、保存最好的都邑遗址，标志着良渚文化已进入早期国家阶段。良渚遗址八十多年来的考古成果**为中华五千多年文明史提供了最重要的考古学物证**。与古埃及、苏美尔文明同时期建成的良渚古城（内城约3平方公里，外廓城约8平方公里，包含外围水利系统约100平方公里），无论是规模还是内涵，在世界同类遗址中均极为罕见，堪称"中华第一城"，曾六次列入中国十大考古新发现，2013年被国际考古界选入"2011~2012年世界10项考古新发现"（世界考古界专家从全球99个候选名单中投票，埃及金字塔聚落得票第四，良渚古城第五）。

自1936年11月3日施昕更先生首先发掘，八十多年来，良渚遗址的考古研究取得了突破性的进展，其"实证中华五千多年文明史"的价值得到国内外学术界的广泛认可。世界权威考古学家、剑桥大学教授科林·伦福儒（Colin Renfrew）认为，"中国的新石器时代是被远远低估的时代。良渚遗址出土的玉琮、玉璧带有明显的象征意义，表现出一种文化的交流和联合，是具有共同观念的文化联合体形成的标志，很大程度上反映了当时社会的复杂程度和阶级制度，已经达到了'国家'的标准，这就是中国文明的起源"。

一直以来，从中央到地方各级领导高度重视良渚遗址保护工作。习近平总书记曾两次实地视察，七次就良渚遗址保护、申遗工作做出重要批示指示。习近平总书记指出，"良渚遗址是实证中华五千多年文明史的圣地，是不可多得的宝贵财富，我们必须把它保护好"。国务院把良渚遗址列入全国重点文物保护单位；国家文物局三次把良渚遗址列入中国世界文化遗产预备名单；浙江省委、省政府把良渚遗址保护和申遗工作载入《中共浙江省委关于加快建设文化大省的决定》，设立高规格的保护机构"杭州良渚遗址管理区管理委员会"，制定专门的地方性保护法规——《杭州良渚遗址保护管理条例》，成立省政府申遗工作领导小组；省委、市委都把良渚遗址保护和申遗工作写进党代会报告；余杭区更是集全区之力、行非常举措，在全国率先建立了大遗址保护补偿机制，强势推动良渚遗址保护和申遗工作。目前，作为2019年世界遗产大会上代表中国出征的良渚遗址的保护和申遗工作正快速推进、全力冲刺，若实证中华文明五千年历史的遗址申遗成功，将是新中国成立70周年的最好贺礼。

良渚在体制机制上探索创新多年，已形成可复制、可推广的"良渚经验"。在体制上，划定了242平方公里范围为良渚遗址管理区，是全国第一个"文物特区"。2001年组建规格为正区（副厅）级的杭州良渚遗址管理区管理委员会，下设办公室、文物管理局、规划建设局、文化产业局、遗产管理局五个职能部门和良渚博物院（良渚研究院）、遗产监测管理中心、良渚遗址管理所（文物执法大队）、杭州大观山果园、杭州美丽洲实业有限公司等五家企事业单位，分别承担宣传展示、价值研究、遗产监测、保护管理、文物执法、遗产申报、产业引导、国土规划、资金筹措等职能，形成协调统一、分工明确的文物保护工作体系。**在机制上**，省、市、区分别成立主要领导挂帅的良渚遗址保护、申遗工作领导小组，把全局、议大事，协调处理重大问题；抽调人员成立良渚遗址申遗和良渚文化国家公园建设指挥部，整合力量、靠前指挥；遗址所在镇街、村社根据管委会的工作要求，实行任务包干、网格管理，履行属地责任，形成梯度传导、各司其职的指挥和执行机制，确保良渚遗址保护和申遗各项决策部署一以贯之、一抓到底。实践证明，这套统分结合、齐抓共管的体制机制，是近年来良渚遗址保护工作取得较大进展的一项根本性举措。在杭州近郊的城市化前沿阵地，广达约42平方公里的良渚遗址得以整体性保护，遗址风貌基本没有受到城市化的冲击破坏，与这套体制机制休戚相关、密不可分。

"良渚经验"在体制机制方面总结起来实际上是强化政府主导，地方政府主动履行对文物保护的属地责任，改变遗产保护由文物行政管理部门"单打独斗"的被动局面，通过体制机制创新、资源要素整合，建立横向到边、纵向到底的组织框架和"条抓块保"、五级联动的保护机制，最大限度地发挥遗产所在地政府的主导主体作用。

一是建立结构严密的组织体系，设置规格较高、权限较大的杭州良渚遗址管理区管理委员会，开创了全国大遗址保护"文物特区"的先河，围绕保护管理、价值研究、宣传展示、遗产监测、文物执法等职能组建相应机构（单位），形成"一核多堡"的组织框架体系。

二是建立职责清晰的工作机制，浙江省、杭州市和余杭区分别成立良渚遗址保护工作领导小组或指挥部，遗址所在镇街、村社根据领导小组或杭州良渚遗址管理区管理委员会的工作要求，实行任务包干、网格管理，形成梯度传导、顺畅有序的指挥和执行机制。

三是区域资源的充分整合，推动城管、国土、公安等单位管理职能下沉，健全完善市、区、镇、村四级文物保护网络，形成"条抓块保"的保护管理格局。

近期，为切实推进良渚遗址申遗工作，按照"融合＋叠加"的运作模式，建立"领导小组＋指挥部"工作机制，进一步完善杭州良渚遗址管理区工作机制，进一步加强良渚遗址申遗和良渚国家考古遗址公园建设的力量配备。

良渚虽然同样面临资金问题和移民问题，即要解决"钱从哪里来，人往哪里去"，但探索出一些路子。

钱从哪里来：良渚遗址保护资金来源渠道共有四种。一是财政专项经费，体现政府在遗产保护上的主体责任。二是余杭区委、区政府开创性建立土地出让金反哺文物保护机制，将良渚新城范围内土地出让毛收入的10%用于反哺良渚遗址保护。三是市场配置，引入市场主体参与良渚遗址保护。四是社会捐助，引导有社会责任意识的大型企业资助遗产保护事业。仅南都

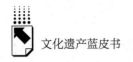
集团就捐助 80 亩土地和一座高水准的良渚博物院，用于遗产展示。

人往哪里去：坚持"以人为本"理念，确立"区别对待、迁留适宜"的安置政策。对于良渚古城遗址内叠压在遗址本体上、危及遗址安全的农居、企业，通过以地换地、异地转移的方式有序外迁，降低遗址区人口密度，减少人类现代活动给遗产景观带来的潜在威胁；对于一般保护区的农居，进行引导和整治，通过协调建筑风格、控制建筑高度、美化村容村貌，改善原住民的生产生活条件，营造宜居宜业的生态家园，营造利益相关者合力支持遗产保护事业的良好氛围。

当然，除了像良渚模式一样进行体制机制创新，成立"文物特区"，改变遗产保护由文物行政管理部门"单打独斗"的被动局面，避免出现地方政府在文化遗产管理中"既是运动员，又是裁判员"的情况，文化遗产的有效保护和利用也离不开遗产地其他利益相关者的配合支持。只有协调好各利益相关者的角色，才能做到"共抓大保护"，并最终实现"人人参与遗产保护，保护福利惠人人"。良渚管委会在协调其他利益相关者方面也做了很多工作：在全国率先探索建立大遗址保护补偿机制，杭州市和余杭区两级财政每年预算安排 1000 多万元，对因文物保护受到损失的农民、村集体和企事业单位进行经济补偿；开展遗址区内村社文物保护工作实绩考核，采取"以奖代补"、转移支付的方式，支持遗址所在地开展美丽乡村建设、村级集体经济发展和社会民生事业改善，增强原住民的"获得感""幸福感"，激发原住民保护遗址、支持申遗的自觉性、自主性、自发性。对于外围的社会公众，搭建"一展一会一营一教材"的四个宣传教育平台，弘扬传统文化，凝聚社会共识。"一展"是指良渚文明展，由良渚博物院每年组织办展，为广大群众了解良渚文明架起桥梁；"一会"是指中华玉文化中心年会，每两年举行一次，围绕各地玉文化交流办展览、出论文，至今已历五届；"一营"是指由良渚博物院和北京大学考古文博学院面向全国中学生每年举办的考古夏令营，帮助青年学生提升遗产保护的思想意识；"一教材"是指良渚文化进教材。经过多年持续不懈的努力，良渚遗址实现了从"要我保护"到"我要保护"的转变，共保共享、人人有责的保护理念已深入人心。此外，由于近年开展申遗工作，良渚管委会还通过发放《良渚遗址讯报》（每期发放 26800 份）、《良渚遗址保护手册》，村村制作宣传专栏、举办大型活动、推广乡土教材、共建中小学宣传教育基地等形式，提高了居民对良渚文化的认知，加强了居民对良渚遗址的保护意识。

通过对良渚案例的分析，可以看出，良渚模式尝试解决的核心问题是利益相关者中地方政府、社区与直接管理机构之间怎么处理经济效益与社会效益、眼前利益和长远利益、直接经济收益和全民公益（保护也是全民公益）关系的难题。在这种"文物特区"的模式下，地方政府主导形成了多方参与、多方获益的治理结构，初步形成了共抓大保护、共享大保护的局面。这样的案例说明，**从配置要素资源的制度角度看，适合国情的文物保护利用之路的特征是：在"官场"中会说话。即文物保护利用成为看得见的政绩，相关人、财、物在这样的政绩显现中能够投入到文物工作中形成实实在在的支撑。**

二　多方多样的文物利用方法创新及其体制机制保障

2018 年 10 月，中共中央办公厅、国务院办公厅印发了《关于加强文物保护利用改革的若干意见》（以下简称《意见》），并发出通知，要求各地区各部门结合实际认真贯彻落实。《意见》中指出："当前，面对新时代新任务提出的新要求，文物保护利用不平衡不充分的矛盾依然存在，文物资源促进经济社会发展作用仍需加强；文物合理利用不足、传播传承不够，**让文物活起来的方法途径亟须创新**；依托文物资源讲好中国故事办法不多，中华文化国际传播能力亟待增强。"若文物利用方法不创新，则很难在"保护为主"的前提下将文物保护成果全面、充分地转化为人民共享的成果。而新的利用方法，在目前的发展水平上，已有若干方面可以大力推动。以下，以人居环境和产业发展有文化遗产特色的城镇化和文化创意产品相关产业为例，来说明文物部门起主要作用的文物利用技术路线创新；以南粤古驿道的活化为例来说明其他部门主导的文物利用技术路线创新；同时强调，

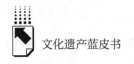

这些技术路线创新必须以体制机制创新为支撑，否则文物难以在社会各界的合力下全面、持续地活起来。

（一）人居环境和产业发展有文化遗产特色的城镇化

如果全面认识文化遗产功能，依托文化遗产资源，在城市发展中充分展现文化文物元素，则可以从城市布局、城市设施和城市功能上更好地体现山、水、乡愁的组合，建成不仅宜居而且在房地产、旅游、文化创意等相关产业上都具备特色竞争力的人居环境。这样，不仅相关政府和职能部门的发展诉求能通过差异化竞争、特色化产品得到满足，文化遗产的保护成果也能被大多数市民共享。

1. 城市布局

文化遗产特色首先可在城市布局上体现，即某个文物集中的区域可以文化遗产为特色优化人居环境、培育相关产业。

《关于加强文物保护利用改革的若干意见》创新性地提出了"建立国家文物保护利用示范区，依托不同类型文物资源，推动区域性文物资源整合和集中连片保护利用，创新文物保护利用机制，在确保文物安全的前提下，支持在文物保护区域因地制宜适度发展服务业和休闲农业"。这种提法是有实践基础的。例如，2015～2016年蓝皮书中，对这样的城市发展愿景，以国家级新区西咸新区的秦汉新城为例进行了展望，并提出了以国家公园体制试点区、特色产业发展区、高品质城市发展区为核心的分区特色发展的技术路线。

在文化遗产与城市发展的结合过程中，如果没有新的利用方式，仍然只是过度利用资源发展旅游或者置保护于不顾进行城镇化建设，则不可能不对文物保护产生负面影响。如秦汉新城302平方公里的区划面积中，大量而广泛分布的遗址使得超过三分之一的面积属于遗址区非建设用地，如果没有发展方式的创新，只采用传统的城镇化土地开发的路子或利用遗址外延扩大式再生产，就必然消耗性利用文化遗产资源或侵吞遗址保护用地。以传统产业的视角来看，秦汉新城难以在产业发展上实现突破，文化遗产也只是体量巨大的"发展包袱"。2015～2016年蓝皮书专节说明了秦汉新城如何在"先知禁区"的基础上创新发展的技术路线,只有推动遗址区向国家公园,向具有文化特色的国家级新区、城市副中心转化,才能实现"再造新区"的目标。这些转化实质上是文化遗产利用方式的创新和相关产品价值的实现,这就是技术路线的创新①。在这样的区域发展创新中,还可以通过自然和文化遗产资源的结合,建设国家公园产品品牌增值体系,实现遗产区外的产业升级。其技术路线是:在以国家公园为目标的自然和文化混合型遗产区,将资源环境的优势②转化为产品品质③的优势,并通过品牌平台固化后在相关商品上体现出价格优势和销量优势,最终在社区参与和遗产地友好的情况下,实现单位产品价值可持续的大幅提升。这样,就实现了"保护好了,要有效益"。

2. 城市设施

有文化遗产特色的城市,会有较大型的文化设施乃至文化设施密集的街区,并在基础设施上也大量体现当地的历史文化风貌。例如,意大利在20世纪60年代出台了《城市规划法》,将古城保护的原则,从保护文物本体逐渐扩展到对整体历史文化风貌的保护,将文物保护的对象从博物馆文物、纪念碑延伸到历史性建筑物、历史地段、文物周围的历史文化环境,从本体到环境,从实体到氛围,体现了文物事业的广度和深度。法国的里昂、英国的爱丁堡、意大利的维罗纳、匈牙利的布达佩斯等古城都根据不同的城市特点,制订各具特色的保护计划,在修缮过程中注重"修旧如旧",在文物以外的其他元素上也追求统一,在楼房风貌、桥梁风格以及路灯、井盖、围栏

---

① 新的技术路线包括构建国家公园体制试点区、发展文化和生态优势特色产业、打造具有文化遗产特色的新型城镇化区域等。

② 大多数大遗址区域也是自然环境较好的区域,保护文化遗产的相关限制促使这些区域的开发强度低、自然环境好。如陕西秦汉新城所在的五陵原,其水、气、土等环境要素的质量在西安周边区域均名列前茅。

③ 包括一、二、三产的产品。如民宿这样的三产产品,如果进入国家公园品牌体系,则意味着民宿所在的区域环境、该民宿运营的绿色度、其提供的相关产品(如餐饮等)的绿色度均有保证。法国在大区公园及国家公园周边均构建了这样的体系,已有超过三十年的成功经验。

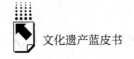

等设施的设计上，也会与当地的风格相适应或体现当地文化。这正是《新型城镇化规划》中倡导的"注重在新城新区建设中融入传统文化元素，与原有城市自然人文特征相协调"。

3. 城市功能

在城市功能方面，文化遗产多功能平台不仅能使城市功能丰富，还能使城市在城市竞争中确立特色优势。例如，纽约大都会博物馆对纽约城市形象、相关产业的促进一目了然，而 METGALA 等活动更使其在与其他时尚之都竞争中具备了独特的优势①。

从国内的实践看，北京这样的城市已经使包括博物馆在内的文化遗产地这个平台三个层次的作用均得到了展现：不仅是展陈文物的平台，也为各种"唱戏"搭台，既是客厅又是舞台。以北京为例，首都博物馆的一系列活动，使其首都客厅的功能得到充分彰显②。而 2016 年李克强总理和德国总理默克尔在颐和园的散步式会谈，使文化遗产这种平台作用的独具一格甚至不可或缺得到体现。

现实中，这三方面利用方式的创新往往可以组合体现。西安博物院这些年的发展就说明较大规模、较高品位的文化遗产能够承担多种城市功能。西安博物院依托自身独特的资源，成功打造城市文化平台，为其他博物馆或遗址公园提供了很好的借鉴。其技术路线可总结为打造城市客厅、构建文化平台、建设"城市绿洲"三个方面。西安博物院利用馆藏文物及征集城市发展物证活动，组织了"乐知学堂"互动体验厅、"彬彬有礼中国人""流动博物馆"下基层、"白手套"文化体验活动、各类节假日展览等一系列互动

① 具体说明可参见 2015～2016 年蓝皮书技术报告第一章。必须说明的是，这样的活动在中国也已经开始兴起，如 2017 年"盛京 1636——首届沈阳旗袍国际文化节"，于 9 月 19 日上午在沈阳故宫博物院开幕。作为"一朝兴发地，两代帝王都"的沈阳，迎来了首场以旗袍为主题的视觉盛宴。只是这样的活动在中国还没有形成制度和品牌，没有使博物馆这样的文化遗产地成为这方面的城市名片，也没有与当地时尚产业的发展结合起来。

② 例如，不仅有一系列社教活动在首都博物馆举行（如"寻找民族瑰宝"亲子活动，让孩子在游戏中更加了解祖国的民族瑰宝），而且 2015 年全国节能宣传周启动仪式、"五四青春正能量传递——我为社会主义核心价值观代言"等活动启动仪式也在首都博物馆举行。

式文化教育活动，使公众将博物馆当作自家的"客厅"，将博物馆看作交往的场所和对外交流的舞台，让进入博物馆参观成为公众的一种休闲习惯、一种文化习俗、一种生活方式，使博物馆真正成为反映社会文明的窗口、培育公民素质的沃土和"城市的客厅"。西安博物院依托自身极具影响力的展览和特定的场地资源优势，在政府财政支持、媒体介入关注下，创办了小雁塔春节荐福大庙会、快乐中华节，延续并创新了新年鸣钟祈福活动等一系列有特色的节事活动，复兴和传扬传统文化，目前已经成为古城西安的一个文化品牌。西安博物院还注重将文化遗产保护与主要的城市景观和风貌相结合。西安博物院持续融入城市空间格局，未来将以朱雀大街为主线，结合东市、西市的历史文化资源，打造一个唐长安城中轴线核心历史文化街区，遗址区将成为新的城市功能区域。西安博物院生态环境与文化遗产交相辉映，目前其院内绿化面积超过70%，湖面面积达6600平方米。绿色生态空间比重的加大，增强了抵御自然灾害的能力，提高了历史文物保护水平，也为城市居民提供了一片绿地面积宽阔、生态环境适宜的一大稀缺景观。总结起来，西安博物院这样的文化遗产资源，充分实现了保护成果为市民共享、为市场共享。只是西安还有更多的文化遗产资源，如占地面积达36平方公里的汉长安城遗址，其保护成果还没有转化为共享成果，其保护措施阻碍了这片区域的现代化，影响了"人民对美好生活的向往"，因此"汉城"仍然被当地居民称为"害城"。"汉城"的保护也没有形成公众参与的平台和渠道。这说明，文化遗产利用方式还需要进一步创新，且还需要与多元共治的治理结构创新结合起来。

（二）文化创意产品相关产业

资源利用方式创新产生新的技术路线，从而从根本上转变利用的方式、转变保护和利用的关系，这是文化遗产保护全面体现经济社会贡献的基础。可以文博单位的文化创意产品相关产业为例，来说明技术路线创新的作用和创新的关键点。

既往中国博物馆的经营方式，主要是基于藏品展示和各种方式的出租

（包括馆际交流）获得收入以及销售纪念品获得收入。后者长期以来较为低端，主要方式是选购贴牌或版权授权。"选购贴牌"是指文博单位从市场采购与馆藏文物形象、文化内涵相接近的产品，粘贴上博物馆的标识后出售。中国大多数博物馆销售的纪念品属于这种形式。"版权授权"是指文博单位通过版权许可或版权转让的方式，委托营利或非营利社会力量利用藏品版权设计与制作，并收取相应的特许费（可采用从产品销售中分成等多种形式）。从严格意义上来说，这些纪念品并不算博物馆真正产出的创意产品，对文化信息的传播和获得的产品增值都很有限。换言之，社会效益和经济效益都很一般。"十二五"期间，中央和各省份出台了多种文件，鼓励文化文物保护单位文化创意产品相关产业发展。文博单位的自主研发逐渐成为潮流，故宫博物院、陕西省历史博物馆等已经有了诸多成功的探索。如故宫博物院用接地气的创意征服了大众审美，推出了吉祥物"壮壮""美美"及各类宫廷文化系列产品。从"朕知道了"的贴纸、"朕亦甚想你"的折扇，到朝珠耳机、永世相随晴雨伞、容嬷嬷针线盒、御前侍卫手机座等，故宫博物院的文物形象和相关文化信息通过这些生活用品得到推广。类似的，陕西省历史博物馆制作了"唐妞""唐美丽""汉英俊""摩登仰韶"等系列产品，采用了动漫人物和形象代言人集成的形式。

不仅在设计、生产环节，从实体店到互联网，博物馆文创产品的销售环节也实现了创新。实体店方面，部分博物馆已经把文创商店从馆内辐射到馆外，实现了联盟运营。如故宫博物院在故宫院内、王府井、首都机场开设了实体店，还在紫禁城外、神武门两侧建设了两条"文化长廊"，两边是文创产品体验区。南京博物院不仅与故宫博物院一样在人流中心（如南京机场）开设实体店，还以"江苏省博物馆商店联盟"形式，吸纳江苏省 11 家地市博物馆加盟，采用先进的连锁管理运营模式和市场营销理念，打造一体化的博物馆文创产业平台。电商平台的发展则更加迅速，产业贡献和公众影响力也更大，可从故宫博物院这方面的发展窥斑：2008 年 12 月，故宫官方淘宝旗舰店创立，这是国内第一家开设官方销售网店的博物馆，目前"故宫淘宝"店有超过 36 万人的粉丝。近两年，故宫博物院全面利用微信、微博、淘宝店铺以及 App 等新媒体形式宣传推广文创产品。故宫博物院微信公众号的粉丝量已经突破 10 万。目前故宫博物院的文创产品已经超过 7000 种，2015 年的各类销售收入已近 10 亿元，超过了门票收入（近 7 亿元）。2015年，陕西省历史博物馆文创线上销售平台开通运营。陕西省历史博物馆文创线上销售平台是全国第一家省级文创电子商务平台，采取区域联合的方式，既有规模效应，也方便顾客。另外，在各种文化产业博览会上，博物馆文化创意产品也成为主流产品。连锁式的实体店、全媒体的电商平台、多样化的博览会，这都使文物保护单位文化创意产品相关产业不仅开辟了可能与财政渠道相提并论且能处理好保护利用关系的市场渠道，而且成为公众接触文物尤其是文物中的文化信息的主要形式。

　　更具体一点，可以故宫博物院、国家博物馆、湖南省博物馆在文物保护单位文化创意产品相关产业上的全面创新案例来说明这种利用方式的创新。

　　故宫博物院与文创企业、互联网企业建立了深度合作，共同以文物保护单位文化创意产品相关产业的方式可持续地开发文化遗产资源。 早在 2010年，故宫博物院在淘宝上开设了网上商店"故宫淘宝"，拓展了文创产品的销售渠道。2012 年后，故宫博物院在产品授权、种类及管理等方面进行调整。2013 年，故宫博物院的在售商品突破 5000 种，销售额突破 6 亿元，2014 年销售额突破 9 亿元。故宫博物院致力于文创产品的设计和研发，截至 2015 年 12 月，共计研发文创产品 8683 种，包括服饰、陶器、瓷器、书画等系列，产品涉及首饰、钥匙扣、雨伞、箱包、领带、耳机等，文创产品营业额超 10 亿元。故宫博物院对文创产品的设计坚持高标准和严要求，要求设计制作必须体现故宫元素，讲故宫故事，不能脱离故宫的历史文化背景，注重产品设计、用料、功能性等品质方面的提升。在与文创企业合作开发的过程中，故宫博物院坚持对版权的严格保护和对销售渠道的独家把握。故宫博物院与腾讯建立了更加深层次的合作，2016 年 7 月，双方达成战略合作，约定将在社交平台、泛娱乐及虚拟现实、增强现实等方面进行合作，深度挖掘故宫文物的 IP 价值。故宫博物院开放了包括经典藏品《雍亲王题书堂深居图屏》、《韩熙载夜宴图》（局部）、《海错图》（节选）、明朝皇帝

画像在内的诸多 IP 资源。腾讯平台上的创意者根据 IP 元素创作出的故宫表情包引发极大热捧，如"皇帝很忙""门海""Q 版韩熙载"等，在社交平台上线不到 1 个月，使用量接近 4000 万次。

国家博物馆致力于打造多元协作的文创平台。2016 年 6 月，国家博物馆与中国（上海）自由贸易试验区管委会、阿里巴巴集团签署战略合作协议，共同启动打造文物保护单位文化创意产品相关产业新平台——"文创中国"。该平台的运营模式由多方协作：国家博物馆负责整合文博行业版权资源，主要包括针对馆藏品的高清图片、扫描数据、文字研究成果和单位既有品牌及商标；阿里巴巴集团针对版权资源进行设计开发、投资生产、市场营销；上海自贸区企业负责线下展示和销售；同时借助上海自贸区保税片区作为海关特殊监管区在进出境环节的优势和各项贸易便利化措施，以及多年来成熟的通道服务经验基础上，为文创产品的国际交流提供仓储物流、保税展示、金融外汇等服务。这种改革容易形成合力：文博界负责提供资源和进行文化内涵的梳理、确权和开发授权工作，文创企业做好产业要素的对接，以自贸区管委会为代表的政府部门负责提供政策保障，真正建立了文化遗产资源和产业资源、政策资源对接的框架。

湖南省博物馆通过经营机制、人员激励机制的创新，带动了文物保护单位文化创意产品相关产业的发展。湖南省博物馆长期致力于搞活经营机制和充分调动员工的积极性，不仅致力于利用馆藏文物资源开发创意产品，还通过建立与经济效益和社会效益挂钩的"能高能低"的收入分配机制，充分调动员工参与创意的积极性。这两方面的改革创新，将员工的收入与岗位职责、实际业绩和博物馆的经济效益、社会效益直接挂钩，逐步形成了重实绩、重贡献，资源向优秀人才和关键岗位倾斜的氛围。在改革的推动下，湖南省博物馆在利用馆藏文物资源开发特色文化产品方面取得显著成绩，开发出湘绣、丝绸、瓷器等 6 大类具有湖湘文化特色的产品，特别是以马王堆汉墓出土文物为依据研发出的"马王堆"养生、服饰、饮食等系列产品，其文创产品库涵盖 17 个系列，超过 300 种。到 2015 年，湖南省博物馆结合旅游市场开发的文创产品，年销售额已达 600 万元。2016 年，湖南省博物馆与国家博物馆签订了《IP 资源授权开发合作协议》，共同打造"文创中国"网络平台品牌概念；积极参加"2016 首届湖南文化创意设计大赛"，马王堆、长沙窑、青铜器等系列设计均入围百强。被纳入首批全国博物馆文化创意产品开发试点单位后，湖南省博物馆的改革步伐进一步加快。《湖南省博物馆五年发展规划（2016～2020 年）》中提出：探索理事会掌握博物馆内部收入分配自主权，建立和完善以按劳分配为主体的内部分配激励机制的方式和途径；探索构建博物馆－公司合作运营新模式，建立优势互补、互利共赢的合作机制，由第三方合作公司提供专业的团队进行整体规划和研发、生产、经营，博物馆逐步实现从经营主体到管理/投资主体转型。这些改革措施将进一步促进文物保护单位文化创意产品相关产业的发展。

故宫博物院、国家博物馆、湖南省博物馆的成功案例，充分表明两个创新：**技术路线的创新**——将文物资源转化为文化 IP 资源，并与创意、技术、互联网平台充分结合，使之具备了价值转化的条件；**体制机制的创新**——经营机制、外部协作机制、内部激励机制的创新，充分盘活了文化遗产资源，激发了员工深度参与的积极性，在更大的市场范围内整合了产业资源，使文化遗产得以在各个行业领域实现价值转化。目前全国绝大多数博物馆的文物保护单位文化创意产品相关产业，还停留在旅游纪念品的销售上，创意含量和经济效益较低。而故宫博物院、国家博物馆、湖南省博物馆的成功经验，为全国的博物馆发展特色创意产业提供了借鉴。同时，改革创新还可以进一步深化：如何完善收入分配机制，将业绩与效益进一步挂钩，进一步激发博物馆的创新活力；如何在体制机制、宏观政策上为博物馆发展创意产业营造更加宽松的环境，进一步厘清公益与效益的边界，推行"一馆两制"；加强经营活动管理和经营绩效核算、评估，奖优罚劣；拓展与互联网平台、创意企业、社会组织更加多样的合作经营模式；完善对博物馆发展创意产业的税收优惠。

（三）其他部门主导的文物活化利用

文物形态多样、广泛分布，大遗址及线性文化遗产占地规模巨大，与地

方的生产生活紧密关联。因此，文物的活化利用不可能只由文物部门控制甚至主导，而需要**根据文物的形态、意欲活化的方式和需要调动的相关行政资源，发挥相关部门的主动性**。"十三五"期间，各地在这些方面进行了很多探索甚至配套了很多创新机制，但大多数探索属于文物集中地域的旅游景区化、人居环境和产业发展有文化遗产特色的城镇化方面，大遗址尤其是线性文化遗产的活化利用缺少创新，大运河等线性文化遗产的相关工作甚至是以行政区划为界各搞各的，文化遗产资源的完整性并没有在保护和利用中真正体现出来。

可以举一个文物外其他部门在线性文化遗产上活化利用的例子，来说明其他部门在某些文物的活化利用上发挥主导作用也许更有优势——广东省的南粤古驿道活化利用。这是住建部门利用本部门在规划、建设方面的行政资源优势保护文物并使文物"古为今用"的例子。

南粤古驿道是1913年以前广东境内用于传递文书、运输物资、人员往来的通路，包括水路和陆路，官道和民间古道。它们是历史上中原汉人入粤和岭南进行繁忙商贸活动的主要通道，是海上丝绸之路向内陆延伸的重要路径，是海外侨胞怀着深厚家国情怀的寻根之路，也是广东历史发展的重要缩影和文化基因延续的根脉。在具有历史意义的南粤通道上，潮汕丝绸、佛山瓷器、东莞香料和广州的海货、茶叶、盐米等大量物资曾经络绎于途，可谓人声鼎沸、市井繁荣，为南粤广东的经济社会发展和文化传播做出过重大贡献。

这样的文物要活化利用，理念、思路、方法、机制都要创新。文物部门传统的利用方式既难以将这样的文物系统、整体保护起来，又难以调动各地积极性因地制宜又统筹兼顾地整合市场力量形成市场经济条件下可持续的活化利用方式。广东省在"十三五"伊始，由一位副省长主抓，启动了南粤古驿道保护利用工作。

——这项工作首先要在理念上达成共识，包括以下三个方面。①**让路人愿去**。活化，首先是要与公众产生联系。让公众成为古驿道上的"路人"，是这种联系的起点。②**让政府愿干**。即将文物活化和重大战略、项目结合，使地方政府能在服从省统筹规划的基础上在扶贫、乡村振兴等重大战略方面有政绩。③**让商人愿投**。即文物活化后要形成产业要素，在满足保护要求、公益需求的情况下还能让参与其中的商人有钱赚。

——基于这样的理念，广东省的政策思路是这样的：为贯彻落实习近平总书记提出的"让陈列在广阔大地上的遗产活起来"要求，广东省副省长明确提出开展南粤古驿道保护利用工作，将散落在南粤大地的古驿道挖掘出来，串珠成链，系统整理具有广东传统文化内涵和地理风貌特征的驿道文化，让遗落在南粤大地上的古驿道活起来，通过古驿道活化利用为欠发达的小城镇和乡村发展注入新动能，整合沿线的资源要素，发展文化、旅游、生态农业等产业，推动全省特别是粤东西北地区的经济发展，促进乡村振兴。广东省将南粤古驿道保护利用工作拓展成为涵盖乡村建设、生态保育、体育休闲、文物保护、文化旅游、经济发展乃至精准扶贫在内的综合性项目，以古驿道保护利用工作为抓手，充分整合体育、农业、文化、旅游、生态等不同产业发展的资源要素，推动南粤古驿道的综合保护利用。

——方法是这样的：规划引领、标准规范、部门联动、社会力量参与、专业志愿支持。广东省住房和城乡建设厅制定出台了《广东省南粤古驿道线路保护与利用总体规划》，对南粤古驿道主要线路的发展目标、空间结构、道网布局、设施配套等做出了具体规划，还制定印发了《南粤古驿道保护与修复指引》《南粤古驿道标识系统设计指引》《露营地规划建设指引》等标准。相关部门积极配合（例如，广东省住建厅联合省工商局积极推动南粤古驿道沿线农产品进行国家地理标志商标注册，提高农产品附加值），各地在环保、文化、扶贫等方面的非政府组织和志愿者也被组织起来。

——工作机制是这样的：住建厅牵头统筹、各地相关资金支持、专家委员会常态指导、地方商业活动配合。广东省住建厅于 2017 年针对 8 个古驿道示范段成立了 8 个古驿道保护利用工作指导组，对各个示范段进行"一对一"指导。2018 年 3 月，广东省住建厅成立了南粤古驿道历史遗存修缮委员会，聘请省内规划、建筑、考古等行业 17 位顶尖专家任委员会委员，

致力于研究发掘南粤古驿道遗存的历史文化内涵，研究确定各类遗存修缮标准、指引和方针等。

——试点建设期间的工作成效是这样的：**按住建部门的总结，他们的成果是重点打造了 8 个示范段，新修复 300 多公里古驿道，并与农村危房改造、农村垃圾污水治理、畜禽污染治理、乱搭乱建整治等工作相结合。**其中，台山海口埠完成 7.5 公里古驿道保护修复及 8 公里河堤观光道、银信纪念广场、银信博物馆建设；汕头市澄海区完成樟林古港的清淤整治、垃圾清运和古港河两侧截污管网工程，使樟林古港成为当地的"网红古港"，受到充分肯定。汕头樟林古港是古代海上丝绸之路的重要节点，是红头船精神、红头船的发祥地，是潮州最大的贸易港口与粤东最早的古港口。后来随着水位下降和韩江泥沙冲积，樟林古港至清末民初逐步被汕头西堤港所代替而逐渐没落。2016 年，樟林古港还是一个垃圾满地、河道淤塞恶臭的地方，在被列入南粤古驿道示范段之后，才正式拉开了环境整治、河涌治理、修复活化的序幕。南粤古驿道的修复利用成效不仅体现在对环境的改善上，还体现在带动了当地旅游业的发展。据统计，2018 年春节期间，纳入统计的 21 家南粤古驿道沿线景区接待游客 97.4 万人次，同比增长 32.5%，收入 1.79 亿元，同比增长 35.4%。2018 年国庆节期间，南粤古驿道重点线路精华段及江门台山海口埠古驿道、汕头樟林古港、云浮郁南南江古水道共接待游客 300.4 万人次。古驿道沿线的村庄，依托古驿道主题活动集聚游客人气，带动乡村特色农产品销量增长和品牌传播，为村民带来了实惠。以韶关仁化石塘村为例，在古驿道活动持续的刺激下，堆花米酒等农特产品销量猛增，定向大赛前月销售量为 5 万斤，赛后每月达 8 万斤，平均每家酒坊月销量增加 1000 斤，外出务工人员纷纷返乡创业，真正实现了乡村产业兴旺和村民生活富裕。河源市东源县双江镇则通过南粤古驿道保护利用工作，结合当地一年一度的"西瓜节"等水果文化旅游节，吸引了众多游客，有力地带动了当地经济发展。从文物管理部门的角度看，南粤古驿道的成果表现在两个方面，这两个方面的成果靠文物部门主导是很难完成的：首先从规划、基建上把符合文物特征的路连通起来，使路人、商人、官人都通过路串联起来，文物因而活起来；其次是通路工作的第一步是完成了基础性的考古工作和档案资料整理工作，这使南粤古驿道文物工作的空白得到填补①。

（四）技术路线创新必须以体制机制创新为支撑

技术路线创新要在现实中成规模、可持续，必须有对文化遗产利用中的要素予以支持和协调的制度；这些要素包括物、人、机构、资金等，这些制度包括人力资源机制、激励机制、管理单位体制、资金机制等。

既往许多技术路线创新因为缺少体制机制创新的支持而"夭折"。如湖南省博物馆早就在文物创意产品的开发上走在全国前列，但因为事业单位体制和文博单位的人力资源机制、激励机制等没有及时创新而不得不走回头路；而许多博物馆在文物创意产品发展方面举步维艰，与制度形成的没人愿干、没资金愿投不无关系。2016 年，国务院办公厅转发文化部等部门《关于推动文化文物单位文化创意产品开发若干意见的通知》（国办发〔2016〕36 号）（以下简称《文化创意产业意见》），对相关要素比较全面地给出了制度创新方案，相当于为这个产业的规范发展松了绑。可以想见，"十三五"期间，这方面的体制机制创新还可能催生更多的技术路线创新。

在以文化遗产资源为特色的新型城镇化中，体制机制创新起到的作用可能比在文物保护单位创意产品相关产业发展中的作用大，因为这方面的发展普遍存在突出的约束——资金。资金机制的创新在中国各行各业中蔚然成风，如"十二五"期间，PPP 模式获得快速发展。只要合法依规，PPP 模式能使许多区域既引入社会资本，又在政府可控的情况下操作，避免企业营利性开发对文物尤其是大遗址可能产生的破坏。而且，不同于传统的财政投入模式（以文物系统补助资金为主），新的利用方式与城乡经济社会发展的关

---

① 类似英国对世界文化遗产哈德良长城保护利用的做法，但广东还没有实现英国在这个过程中做到的以项目带动机制创新：用建长城沿线步道的钱，先做了全线的考古，且在这个过程中进行了机制创新——按类型发执照，创新了考古审批行政许可方式，使各种专业力量参与考古的渠道畅通，既增强了专业性，也增强了参与性。

联更为紧密，**也更容易获得文物系统之外的资金支持，获得低成本的、资金回报周期较长的建设资金**，如国家开发银行的政策性贷款，还可以争取到国际援助资金或国外的政策性贷款。例如，法国开发署作为法国中央政府的政策性金融机构，对中国具有发展潜力、具备创新发展示范效应的领域（包括生物多样性、公众健康、文化遗产保护和利用、绿色发展等）有每年近10亿欧元的极低息贷款。**这些投资不是商业贷款，追求的是多种效益且有较长的还款期（如法国开发署为 20 年以上），因而也是可持续性更好的资金渠道。**另外，绿色金融的发展，使银行通过赤道原则①获得机构声誉、社区发展、项目可持续运行等诸多方面的回报。许多古城保护项目，只要能和新型城镇化发展形成有效互动，就易于获得绿色金融政策下各商业银行的支持。以往的实践也说明了：没有资金机制创新，文物相关项目便难以落地，难以成规模地有活力。而实现相关制度创新后，可以更好地处理保护和利用的关系，并更好地体现全面公益性②。

本章的研究成果，切合到蓝皮书的年度主题上，可从这个角度总结**适合国情的文物保护利用之路的特征：文物在公众中活起来，在"官场"中会说话。**这样，就会形成官场中齐抓共管，公众也会共抓大保护并享受大保护的局面，文物工作自然就能得到加强。

（本章初稿执笔：张颖岚、张苏、张小杨、王茜、陈叙图、张柱平）

---

① 赤道原则（Equator Principles）制定于 2003 年 6 月，是由花旗集团、荷兰银行、巴克莱银行等国际性银行机构共同制定的一套非强制、自愿性准则，以保证金融机构在其项目融资业务中充分考虑到社会和环境问题。

② 例如，资金机制创新就是 2015～2016 年蓝皮书中提到的分区发展、要钱和挣钱相结合的技术路线创新的重要机制支撑。

B.4
第四章
加强文物工作的体制机制建设

本章要点:

1. 必须通过配套制度建设,解决地方政府在保护文物和发展经济上的激励不相容问题。

2. 做好文物工作的起点是文物确权和规划的前端控制,过程中是补偿(使所有者利益不受损失)、政绩考核(使主政者保持正确的激励方向)以及机构能力建设(守土有责),而末端制度建设也非常重要,主要是文物保护的压力传导和责任追究,即督察和问责机制。

　　文化遗产资源和自然遗产资源在管理上类似,文物的保护利用和自然资源节约利用在可持续发展理念和制度方面因此异曲同工。考虑到制度建设上自然资源管理的改革力度较大、较系统,加强文物工作的体制机制建设,有必要借鉴和结合《生态文明体制改革总体方案》①,从供给侧积极开展体制机制的创新,处理好保护与利用、传承与发展的关系,从而实现文物工作治理体系和治理能力的现代化,增进民生福祉,保证全体人民在共建共享发展中有更多获得感。

---

① 党的十九大报告将"生态文明"建设提升到"中华民族永续发展的千年大计"地位,要"把我国建成富强民主文明和谐美丽的社会主义现代化强国",促进我国物质文明、政治文明、精神文明、社会文明、生态文明全面提升。生态文明体制改革是全面改革的重要方向,也是重要的体制机制建设基础。2015年9月21日中共中央、国务院印发的《生态文明体制改革总体方案》(简称《总体方案》)是生态文明领域改革的顶层设计,提出2020年我国要构筑起由八项制度构成的产权清晰、多元参与、激励约束并重、系统完整的生态文明制度体系,进而推进国家治理体系和治理能力现代化。

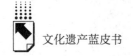
为此，本章从《国务院关于进一步加强文物工作的指导意见》和《国家文物事业发展"十三五"规划》出发，比照《生态文明体制改革总体方案》以及相关配套法律政策，结合对《关于加强文物保护利用改革的若干意见》的解读，重点剖析如何利用前端、中端和末端的保障制度建设加强文物工作。其中前端制度建设主要包括文物产权确权和保护规划融入"多规合一"；中端制度建设主要在于文物补偿制度、干部政绩考核制度和文物相关机构的管理单位体制改革；末端制度建设在于完善督察制度和问责制度。本章是文物系统全面贯彻落实党的十九大部署，自觉用习近平新时代中国特色社会主义思想指导实践、推动工作，从体制机制改革角度将党的十九大精神落到实处的探索和分析。

一 加强文物保护利用体制机制改革的整体思路

文物对国家的整体、长远发展殊为重要，但文物保护的责任主体却是也只能是文物归属地的地方政府（如表4-1所示）。这是文物保护工作信息对称和文物行政管理必须齐抓共管的要求决定的①，但也可能带来激励不相容的弊端②，**必须通过配套制度建设解决地方政府在保护文物和发展经济上的激励不相容问题**。

---

① 文物保护工作非常具体且相关信息无法通过遥感等大面积覆盖的方法完整获知，必须依赖基层地方政府掌握信息；而文物行政管理工作涉及面广泛（这是由文物所依托的土地产权关系复杂、利用状况更复杂所决定的），必须通过基层地方政府及地方政府的多个职能部门（如规划、国土、发改、公安等）才能有效控制。

② 在"以经济建设为中心"的发展导向前，地方政府易于追求短期的、本地的经济利益而忽视长期的、广泛的社会效益，这就使发展经济和保护文物易于形成背离的激励方向。在中国既往的社会领域的改革中，就出现过激励不相容导致改革失败的情况。如在医药卫生体制改革中，若对医院的激励以市场收费为主、市场收费有较高比例可转为医者收入，则医院和医生都更倾向于提高患者的医疗支出从而获得自身收益，那么这个激励方向就与全民公益的改革大方向背道而驰了。

表4-1　各相关法律法规中"文物保护工作主要由地方政府负责"条文

法律法规名称	法律法规相关内容
2007年修正的《文物保护法》	①地方各级人民政府负责本行政区域内的文物保护工作。县级以上地方人民政府承担文物保护工作的部门对本行政区域内的文物保护实施监督管理;②县级以上人民政府有关行政部门在各自的职责范围内,负责有关的文物保护工作;③公安机关、工商行政管理部门、海关、城乡建设规划部门和其他有关国家机关,应当依法认真履行所承担的保护文物的职责,维护文物管理秩序
地方文物法规(以2005年颁布的《安徽省实施〈中华人民共和国文物保护法〉办法》为例)	地方各级人民政府负责本行政区域内的文物保护工作
2006年《长城保护条例》	长城所在地县级以上地方人民政府及其文物主管部门依照《文物保护法》、本条例和其他有关行政法规的规定,负责本行政区域内的长城保护工作
2008年《历史文化名城名镇名村保护条例》	地方各级人民政府负责本行政区域历史文化名城、名镇、名村的保护和监督管理工作

地方政府的利益维度与中央政府必然存在区别,必然更倾向于追求相对短期的、本辖区的经济利益。这种利益维度易与文物保护的属地责任产生冲突。只有将文物保护的成果适当转化为经济利益并直接惠及当地居民,才可能使这样的属地责任真正成为政绩。在文化与旅游管理机构合并的情况下,将这种新思路付诸实践更显迫切①。这种思路可以古城保护为例来说明:今人的发展不可能将自身受益不明显的古迹保护放在第一位,**所有的保护思路必须今人古迹兼顾、保护利用互促**。如果目前城市发展的问题（如城建资金匮乏,产业没有特色、效益不高,人居环境不佳,等等）,是依托古城保护解决的,那么古城保护就会成为所有利益相关者都支持且将其作为"本

---

① 例如,在2016年山西旅游发展大会上,山西省领导就对全域旅游发展有以下认识:全域旅游是相对景点旅游提出的,是对景点旅游发展模式的突破,更加注重全局协调与产业统筹,把自然景观、乡村建筑、民俗风情、工农业生产活动都纳入旅游资源,进行合理利用、创新开发。建议山西充分发挥文物资源优势,构建以观光旅游为基础、休闲度假为主导、专项旅游为特色、新兴旅游为亮点的旅游产品体系,培育一批具有世界级、国家级、区域级影响力的旅游产品,使旅游业从封闭的自循环向开放的"旅游＋"融合发展转变。

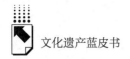
钱"的大事。在这种思路下，首先要有符合国情的构想：通过新型城镇化发展来加强保护。以解决现有城市发展问题为基础，在改善民生中形成保护的合力和规范利用的动力；然后才能自觉主动地提出操作手段：将自然遗产与文化遗产资源进行整合，依托自然遗产打造宜居新城，从而为古城保护创造宽松环境，并将古城与城市产业特色结合起来（带动旅游业发展），真正实现以文化遗产资源的保护利用为特色的新型城镇化。其中，思路创新是自觉，路径设计是主动，最终达到的效果是全局以文物为大局。这种思路已经在许多地方部分实现过，但因为没有整体的体制机制改革支持，所以很难普及，也很难持续。可以借鉴并结合《生态文明体制改革总体方案》，具体如下。

（一）借鉴并结合《生态文明体制改革总体方案》

生态文明建设是"五位一体"总体布局和"四个全面"战略布局的重要内容。要把生态文明建设的理念、原则、目标等，深刻融入和全面贯穿到经济、政治、文化、社会建设的各方面和全过程。其中，生态文明体制改革是一项系统工程，核心是通过生态文明的制度创新，构建一套行之有效的体制机制，以破解发展与保护的矛盾，推动形成绿色发展的内生机制。即借助生态文明体制改革，尽快把生态文明制度的"四梁八柱"建立起来，把生态文明建设纳入制度化、法治化轨道。

党的十八届三中全会审议通过的《中共中央关于全面深化改革若干重大问题的决定》，明确了要加快生态文明制度建设，要建立相关的制度、组织构架和运行机制。作为重要的生态文明领域的顶层设计，《生态文明体制改革总体方案》（以下简称《总体方案》），绘制了中国中长期生态文明体制改革的整体思路，到2020年要建立产权清晰、多元参与、激励约束并重、系统完整的生态文明制度体系，推进生态文明领域国家治理体系和治理能力现代化。方案包括10个部分，由"6+6+8"方案构成（六大理念、六个原则、八项制度），明确了改革的思路、方向、框架和重点，力图解决中国发展中不平衡、不协调、不可持续的问题，推动全社会向生态文明整体转型①。

六大理念具体包括：树立尊重自然、顺应自然、保护自然的理念；树立发展和保护相统一的理念；树立绿水青山就是金山银山的理念；树立自然价值和自然资本的理念；树立空间均衡的理念；树立山水林田湖是一个生命共同体的理念。六个原则是：坚持正确改革方向；坚持自然资源资产的公有性质；坚持城乡环境治理体系统一；坚持激励和约束并举；坚持主动作为和国际合作相结合；坚持鼓励试点先行和整体协调推进相结合。八项制度是：健全自然资源资产产权制度；建立国土空间开发保护制度；建立空间规划体系；完善资源总量管理和全面节约制度；健全资源有偿使用和生态补偿制度；建立健全环境治理体系；健全环境治理和生态保护市场体系；完善生态文明绩效评价考核和责任追究制度。

生态文明体制改革不仅是生态环境保护领域的制度改革，还是可持续发展理念下的政策引导和体制机制约束以及保障。它同经济、社会和文化体制改革的各项任务相互关联，又彼此影响。①它和经济改革要求相一致。经济体制改革中提出"加快完善现代市场体系、宏观调控体系、开放型经济体系，加快转变经济发展方式，加快建设创新型国家，推动经济更有效率、更加公平、更可持续发展"，而生态文明体制改革要求"实行资源有偿使用制度"，即通过市场对资源的有序配置，提高资源的利用效率，改变传统的资源利用与消费方式，对资源永续利用，进而保障经济社会的可持续发展。另外，生态文明体制改革要求"健全自然资源资产产权制度和用途管制制度"，与经济体制改革中的"完善产权保护制度"和"健全归属清晰、权责明确、保护严格、流转顺畅的现代产权制度"一致。②它和文化体制改革相互补充。文化体制改革提出了"建设社会主义文化强国，增强国家文化

---

① 习近平总书记提出的以"两山论"为代表的生态文明理念，从根本上更新了关于自然资源无价的传统认识，打破了简单把发展与保护对立起来的思维束缚，指明了实现发展和保护内在统一、相互促进和协调共生的方法论。这是我们党积极探索经济规律和社会规律、对人与自然关系认识的升华，带来的是发展理念和发展方式的深刻转变，为不断深化生态文明体制改革提供了理论指导和根本遵循。

软实力，必须坚持社会主义先进文化前进的方向"，而生态文明体制改革要求"用制度来保护生态环境"。在发展理念一致的前提下，两者的改革目的都有助于提高民族自信和文化自信。③它和社会体制改革相通。社会体制改革要求改进社会治理方式、激发社会组织活力、创新有效预防和化解社会矛盾的体制、健全公共安全体系等，而这与生态文明体制改革中多元参与、激励约束并重的目标有一致性。可以这样认为，生态文明体制改革是新时代中国经济社会文化发展的"四梁八柱"和重要的制度保障，从狭义上看，对自然资源（山水林田湖等）管理有重要的指导意义，而从广义上说，类似于文物的相关资源，特别是国家所有的，和自然资源在经济体系和公共政策上有共性（有限性、稀缺性、多维价值）。文物系统可以借鉴《生态文明体制改革总体方案》，在体制机制配套设计上也注意这种系统性，并在产权管理、多规合一等方面与《生态文明体制改革总体方案》中的体制机制建设相结合。

（二）《生态文明体制改革总体方案》对文物系统保护利用改革的借鉴

可从问题导向和目标导向两个维度来探讨这种借鉴。①问题导向维度。生态文明体制改革的要点，就是建立八项基本制度解决主要问题。这种改革思路和要解决的问题与文物系统的情况有很大的共性，具体如表4-2所示。②目标导向维度。目标导向主要是以习近平同志关于文物系统工作的指示以及《国务院关于进一步加强文物工作的指导意见》和《国家文物事业发展"十三五"规划》的要求为目标。

党的十九大报告中提出的"推动文化事业和文化产业发展。满足人民过上美好生活的新期待，必须提供丰富的精神食粮。要深化文化体制改革，完善文化管理体制，加快构建把社会效益放在首位、社会效益和经济效益相统一的体制机制。完善公共文化服务体系，深入实施文化惠民工程，丰富群众性文化活动。加强文化保护利用和文化遗产保护传承。健全现代文化产业体系和市场体系，创新生产经营机制，完善文化经济政策，培育新型文化业态"，明确指出了体制机制改革和保护利用之间的关系。《国务院关于进一

表4-2 问题导向角度看生态文明八项基本制度对文物系统管理障碍的破解

基本制度	解决生态保护的问题	可解决文物系统的问题	对保护利用的影响
健全自然资源资产产权制度	着力解决自然资源所有者不到位,所有权边界模糊等问题	文物的权属不清,所有权人不到位,所有权人权益不落实,对文物"无价"或廉价获取,结果产生"公地悲剧"	缺少有效管理,保护不力,地方政府重开发轻保护现象严重
建立国土空间开发保护制度	解决因无序、过度、分散开发导致的优质耕地和生态空间占用过多,生态破坏,环境污染等问题	不可移动文物(以大遗址为代表)保护利用的问题,无序过度开发,超过文物本身承载力,缺少文物保护红线的制定,重复建设以及开发,保护、修复相分离	保护不力,利用不当,不可持续,无序开发、过度开发、分散开发
建立空间规划体系	解决空间规划性重叠冲突,部门职责交叉重复,地方规划朝令夕改等问题	文物本体同周边区域的管理,部门职责交叉重复,文物保护规划和其他规划之间交叉打架,缺乏统一衔接	保护不力,缺少合理利用模式
完善资源总量管理和全面节约制度	解决资源使用浪费严重,违法成本过高等问题	对文物利用效率不高	缺少合理利用的模式,没有基于文物承载力决定利用范围,方式和程度
健全资源有偿使用和生态补偿制度	解决自然资源及其产品价格偏低,保护生态得不到合理回报等问题	对原住居民缺少回报,限制其发展没有有体现使用原则和外部效应的内部化,没有反映市场供求和资源稀缺程度,没有体现自然价值和代际补偿的资源使用和生态补偿制度等	缺少合理使用的文物补偿机制,难以动员原住居民保护文物,保护成本高,保护文物得不到合理回报等问题
建立健全环境治理体系	解决污染防治能力弱,监督职能分散,权责不一致,违法成本过低等问题	文物监管职能交叉,违法成本过低,监督分散监管事实上取代,政府、企业、公众多元共治,善治体系尚不健全	保护不力,并且缺少惩罚措施,职能配置不合理
健全环境治理和市场体系	解决市场主体和市场体系发育滞后,社会参与度不高等问题	保护主体单一化,市场力量和资金动用不足,管理成本高,激励作用不明显,管理效果不能持续,缺少市场化资金入人,也难以对合理利用投入资金等	管理部门习惯运用行政手段,经济政策不健全
完善生态文明绩效评价考核和责任追究制度	解决发展绩效评价不全面,责任落实不到位,损害责任追究缺失等问题	文物工作绩效评价不全面,干部考核和保护难以挂钩,发展绩效评价不全面,责任落实不到位等	保护成效难以得到体现,责任落实出现问题,文物损害或者流失缺少惩罚,保护缺少激励

步加强文物工作的指导意见》和《国家文物事业发展"十三五"规划》细化说明了今后文物系统相关工作的改革方向——多次强调了保护和利用之间的关系，并且必须借助体制机制的完善来保障。

文物系统的体制机制配套改革在当前实践中还广泛存在着认识不统一、思路不清晰、理念比较乱等问题。而生态文明体制改革在对多年生态文明建设理念、实践探索进行总结、提炼的基础上，认识和实践达到了新高度。特别是结合生态文明六大理念，其相对文物系统传统的发展理念发生了根本性的变化。可以说生态文明体制改革为文物系统响应中央全面深化改革精神提供了理论上的指引。生态文明体制改革中明确提出要树立发展和保护相统一的理念，明确了发展与保护的辩证关系，而树立绿水青山就是金山银山的理念也可以明确文物在经济体系中的价值：文物也是绿水青山的一部分，不仅是传家宝，也能转化为金山银山。而自然价值和自然资本的理念更是明确了文物在市场体系中也具有资本特征，合理的利用可以实现资本的增值。而树立山水林田湖草是一个生命共同体的理念，对文物保护的整体性、系统性及其内在规律有了更深刻的认识，有助于规避文物系统中的碎片化管理，有助于提高文物保护的效率。

从体制机制改革本身看，要在文物工作的不同阶段仿照建立类似生态文明体制的八项基础制度。具体来说：做好文物工作的起点是文物确权和规划的前端控制，过程中是补偿（使所有者利益不受损失）、政绩考核（使主政者保持正确的激励方向）以及机构能力建设（守土有责），而末端制度建设也非常重要，主要是文物保护的压力传导和责任追究，即督察和问责机制。

二　前期制度建设：确权和规划

（一）文物产权确权和资源资产管理机制

为达到"归属清晰、权责明确、监管有效"的管理目标，和生态文明建设中的自然资源产权制度类似，文物系统必须开展文物确权工作。这是管理工作的基础和制度建设的保障。国务院在 2015 年 3 月公布了《不动产登记暂行条例》，对文物保护工作有重要的意义。开展不可移动文物［主要包括遗址、墓葬、石窟寺及石刻，以及建筑与园林（包括古代和近现代）四大类］，特别是国有不可移动文物产权确权登记，是文物管理工作的基础，是文物系统进行科学决策、保护评价考核以及开展文物相关补偿的支撑和领导干部政绩考核的重要依据。

尽管文物产权确权是文物产权管理制度的首要环节，但是多年来这方面的工作一直处于缺失的状态。①从产权管理机构看，保守估计，中国 76 万余处不可移动文物中，至少有 45 万处归国家所有。就国有文物资产管理现状而言，全国文物系统内专门针对一处或几处文物保护单位设立的文物保护管理机构不到 1400 个。这些机构实际上基本兼具日常专业管理与相应国有文物保护单位资产管理职能。另外全国还有 1900 多个区域性文物保护管理机构，并不具备国有文物资产管理职能，主要承担辖区内由其他机构或个人所有、占有或使用的不可移动文物的日常专业管理，包括文物调查、检查巡视、维修项目管理等，甚至代行文物行政管理职能。②从产权管理制度看，文物登记和公布制度完全游离于国家土地、房屋、草原、林地、海域和国有公用财产等不动产管理体制之外。中国不可移动文物登记以文物属性为主要内容，尚无法定授权登记机关、登记依据、登记内容和登记程序等管理制度。文物登记本身缺乏公证性、准确性和时效性，又与土地、房屋、草原、林地和海域等不动产登记系统互不关联。与之相应的发展、规划、建设、交易等活动的审批、登记和监管相互脱节，文物保护存在巨大的信息不对称，需要承担高昂的执法成本和文物灭失风险。

因此，文物系统要建立不可移动文物的产权制度。"国有文物资产管理体制的建立，就是要面向广大国有文物资产所有者、占有者和使用者建立责权相称、激励相容、信息对称的管理制度。"①《关于加强文物保护利用改革的若干意见》也第一次以中央文件的方式专款提出了"**建立文物资源资产**

---

① 于冰：《文物资源可以资产化吗》，《光明日报》2018 年 7 月 14 日，第 5 版。

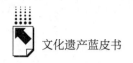

管理机制。健全国有文物资源资产管理体系，制定国有文物资源资产管理办法，建立文物资源资产动态管理机制。实行文物资源资产报告制度，地方各级政府定期向本级人大常委会报告文物资源资产管理情况"。

顺应这样的思路和改革要求，文物系统应积极参与不动产确权登记工作。建议由国家层面组织协调，将不可移动文物作为特殊不动产类别纳入不动产统一登记，将不可移动文物权属登记纳入全国不动产统一登记信息平台，并争取与国土资源部联合发布政策性文件，指导和支持各地文物部门与国土部门做好文物产权登记工作。除涉及国家秘密及不动产登记信息外，文物确权登记结果向社会公开，并与农业、水利、林业、环保、财税等相关部门管理信息互通共享。

为有效推动不动产登记中的国有不可移动文物确权登记工作，应争取国家土地、房屋、农业、林业、海洋、财政等行政主管部门的支持；由县级以上地方人民政府承担文物保护工作的部门代为行使国有不可移动文物国家所有权，作为国有不可移动文物当事人、申请人、利害关系人；各地文物部门应当及时向不动产登记机构提供不可移动文物普查、调查、勘查成果以及其他有关文物界址、空间界限、面积资料；依据文物部门提供的文物登记信息，不动产登记机构应当在相关不动产权利人申请不动产登记时，通知文物行政部门作为当事人之一共同参与申请。国有不可移动文物确权登记工作目标是实现信息互联互通，工作原则是尊重管理现状，分类处理；各地文物行政管理部门应与不动产登记机构沟通合作，针对本辖区国有不可移动文物特点，协商制定本辖区不动产登记中的国有不可移动文物确权登记实施细则①。

因为国有文物资产具有独特的历史、科学、艺术价值，所以应建立单独的管理制度，明确文物资产的产权特性和在国有资产管理体系中的地位，通过资产管理体系来落实产权管理（包括取得授权的国有遗址管理者依法行使所有者权利，实施遗址占有、维护、利用和部分权利转让等各种行为的规

---

① 国有不可移动文物确权登记并不改变不动产产权现状和管辖权限，但在不动产登记簿记载事项中，应在不动产单元内明确标示国有不可移动文物范围，以及产权人依照《文物保护法》等国家法律法规保护文物的义务。

范性规定，以及相关配套保障措施，包括机构人员和资金等的保障）。通过产权授权、产权登记、产权监管等手段，确保国有遗址的安全和有效利用。由于很多国有不可移动文物产权与其附着土地所有权、使用权及承包经营权等权属相分离，因此在不动产单元内明确标示国有不可移动文物的范围和限制。清晰界定不同类型文物保护单位的产权属性，明确文物保护单位国有公益产权与其附属设施的边界，通过不同专业资产管理手段，确保在遗址国有产权安全的前提下提高利用效益，可推动所有权和使用权相分离，明确占有、使用、收益、处分等权利归属关系和权责，适度扩大使用权的出让、转让、出租、抵押、担保、入股等权能①。

在资产取得阶段，应当对各类投入资金的性质加以明确，包括中央政府财政投入、地方政府财政投入、地方政府融资平台投入（是公共基础设施投入还是土地开发商业贷款）、土地使用权投入，应确保公共财政投入，以避免因资金不足引入商业资金而变相出让遗址所有权。给予文物保护特殊的土地和财政政策支持，或调整现有中央财政文物保护专项经费的使用限制，或增设文物产权保护性征收专项基金，用于遗址土地征收、居民补偿和移民安置。

从操作层面来看，这方面的改革应首先从价值较大、涉及面较广的大遗址用地相关制度开始，具体参见专栏 4 - 1。

专栏 4 -1　专门土地确权的制度改革和机构建设
——国家文化遗产保护用地②

1. 允许土地变性。借鉴一些地方政府出资购置大遗址重点保护范围的土地，解决遗址保护问题的成功经验，考虑到不同地区政府的财政状况，主要由国家财政根据遗址保护规划的要求，出资征收或租赁国家重要大遗址所

①　《关于加强文物保护利用改革的若干意见》中明确提出"鼓励依法通过流转、征收等方式取得属于文物建筑的农民房屋及其宅基地使用权"。但这方面存在政策法规障碍：农民的宅基地绝大部分属于集体所有土地，但《担保法》规定集体所有的土地不能抵押。
②　专栏 4 - 1 的思路和部分内容引自全国政协委员袁靖在政协十二届全国委员会第五次会议上的第 0525 号（文化宣传类 030 号）提案。

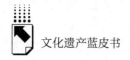

在地的土地，作为"国家文化遗产保护用地"，由国家文物部门或省（自治区、直辖市）文物部门作为主要管理方参与管理，为今后建立国家文化公园奠定基础。

2. 保证基本农田。探讨将遗址范围内地表的永久基本农田这类用地与文物保护用地结合起来的保护思路，即将大遗址的土地从集体所有转变为国有。改变所有权以后，这些土地仍然作为基本农田继续使用。各级文物管理部门可以按照《文物保护法》和大遗址的文物保护规划对使用这些土地的方式进行限制，比如只能种植浅根茎的农作物、耕种深度不能超过多少厘米等，从而切实保证大遗址不再遭到人为的破坏。

3. 实现集约化管理。将征收为国有的大遗址的土地作为进一步深化农村改革的试点，尝试对其实行集约化管理，将一家一户低效率的家庭农业改变为高效率的国有大农业。

4. 专门机构管理。由于大遗址的地面上有各种不同的利益群体，涉及的行政管理机构也相当多，因此可成立包括基层政府机构、文物、国土、住建、农业、林业、环保、交通和旅游等行业管理部门在内的大遗址保护特区进行管理，注重将文物保护、管理和利用作为其第一责任考核目标。利用国家考古遗址公园、国家文化公园，成立相应的管理机构，实现两个统一行使（自然资源资产和文物资源产权管理、国土空间用途管制）。

（二）规划和国土空间用途管制

"多规合一"指推动国民经济和社会发展规划、城乡规划、土地利用规划、生态环境保护规划（也包括文物保护规划）等多个规划相互融合，融合到一张可以明确边界线的市县域图上，实现一个市县一本规划、一张蓝图，解决现有的这些规划自成体系、内容冲突、缺乏衔接协调等突出问题。它是全面深化改革的一项重要任务，也是贯彻落实党的十八届五中全会和中央城市工作会议精神的重要内容。习近平总书记在2013年12月中央城镇化工作会议上强调，要建立一个统一的空间规划体系，限定城市发展边界，划定城市生态红线，一张蓝图干到底。"多规合一"可以利用信息化手段建立统一的城市空间规划体系，实现统筹发展①。

《关于进一步加强文物工作的指导意见》中明确指出："加强文物保护规划编制实施。要将文物行政部门作为城乡规划协调决策机制成员单位，按照'多规合一'的要求将文物保护规划相关内容纳入城乡规划。国务院文物行政部门统筹指导各级文物保护单位保护规划的编制工作。全国重点文物保护单位保护规划由省级人民政府组织编制，经国务院文物行政部门审核同意后公布实施。地方各级人民政府要及时核定本行政区域相应级别的文物保护单位和不可移动文物名录，依法划定文物保护单位保护范围和建设控制地带，并通过政务信息平台向社会公开，接受社会监督。"而《关于加强文物保护利用改革的若干意见》中更细节性地提出："国土空间规划编制和实施应充分考虑不可移动文物保护管理需要。完善基本建设考古制度，地方政府在土地储备时，对于可能存在文物遗存的土地，在依法完成考古调查、勘探、发掘前不得入库。"

从实践层面来看，这些要求在生态文明体制改革中的规划体制机制改革和"多规合一"操作中易于统筹实现。

"多规合一"是文物工作获得国土空间用途管制方面支持的重要机遇之一。在"多规合一"中专门增加文保单位图层，使文物保护的空间和强度要求获得法定城市规划的刚性支持，**既可以形成文化文物保护红线②，也可**

---

① 2014 年 11 月，国家发改委、国土部、环保部和住建部等四部委联合下发《关于开展市县"多规合一"试点工作的通知》（以下简称"多规合一文件"），强化政府空间管控能力，实现国土空间集约、高效、可持续利用。这也是改革政府规划体制，建立统一衔接、功能互补、相互协调的空间规划体系的重要基础。"多规合一文件"确定了 28 个试点城市，其中云南省大理市、甘肃省敦煌市等都是文化遗产资源富集的区域，但这些区域的多规合一工作尚未将文物保护规划"合"进去。

② 2017 年 12 月 15 日获得国务院批复的《上海市城市总体规划（2017～2035 年）》（简称"上海2035"）中专门提出了"文化保护红线"（Cultural Conservation Redline）的概念：为保护文化资源，将文物与优秀历史建筑、风貌保护道路（街巷）与河流、历史文化风貌区与风貌保护街坊、历史文化名镇名村、自然保护区和风景区等各类保护要素的保护范围和建设控制范围划入文化保护红线内。严格按照历史文化名城保护体系及相关法律法规，保护历史遗存与环境的原真状态，限制建设活动。定期评估、增补保护对象，拓展红线范围。

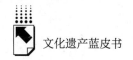

以使相关区域的城市发展"放开手脚"——明晰了空间范围和管制要求后，其他方面的城市发展就没有了禁区，且周边区域可以突出什么样的文化特色、整合什么样的资源，反而有了明晰的技术指导。因此，文物系统应该积极推动文化文物保护规划与国民经济和社会发展规划、城乡规划、土地利用规划、生态环境保护规划等"多规合一"，实现"借力"，促进文物保护的约束性图层在城市规划统一审批平台中发挥作用。

在规划范围上，以国家批复的空间范围为边界，按照上层次土地利用规划确定建设用地控制范围，根据文物保护规划和生态功能区划划定文化遗产和生态保护区，利用城市规划技术划定生态控制区范围和产业功能区范围。确定"多规合一"的指导思想、规划目标、产业发展、增长边界、文物保护边界、生态保护边界、空间管制分区、用地规模、空间结构和功能布局等内容。搭建综合发展的规划实施平台，以近期启动地区和重大项目为核心，保证年度资金项目安排与空间发展相协调，强化政府公共投资对城市发展的引导和调控作用。通过建立"多规"联合审批制度，实行多部门联合审查，在各部门规划达成共识的基础上，编制共同的项目库，以项目库以及用地为主构建规划实施管理监督平台，实时监测各类规划实施情况。"多规合一"不是把各类规划简单地叠加整合集成在一张图上，而是实现城市治理体系和治理能力现代化的重大探索，是发展理念和行政审批方面的创新性改革①。从操作层面而言（见专栏4-2），必须通过三方面措施才能落地：①进入法定规划体系并使文化遗产的保护和利用相关要求体现到各层级规划控制手段中；②相关发展思路项目化，使文化遗产的主体完成从资源—产品—商品的全过程转化；③相关支撑制度配套化，即形成支撑项目的资金机制、土地管理制度、经营机制、绩效考核制度等。这其中，规划是前置性的、基础性的措施。

---

① 再造审批流程。在项目工作前期，完善项目生成策划机制，建立多部门在前期项目生成策划阶段的协调机制，形成项目储备库；实现建设项目审批全流程的优化再造，将用地规划许可阶段之后的审批流程纳入业务协同平台，包括各部门审批环节中衍生出来的各项中介服务，杜绝"体外循环"；实现政府投资项目和社会投资项目的全覆盖，制定项目监督机制，保证审批效率。

推动文物保护纳入"多规合一"，将文物行政部门作为城乡规划协调决策机制成员单位，按照"多规合一"的要求将文物保护规划相关内容纳入城乡规划，将文物紫线管理与相关土地的使用形成一张蓝图、一站审批，并使文物保护与城乡发展形成联动。在规划编制过程中，应当广泛征求各方面意见，全文公布规划草案，充分听取有益意见。规划经评议委员会论证通过后，由当地人民代表大会审议通过，并报上级政府部门备案。规划成果应当包括规划文本和较高精度的规划图，并在网络和其他本地媒体上公布。鼓励当地居民对规划执行进行监督，对违反规划的开发建设行为进行举报。建立文物保护重点领域的领导考核和绩效考核制度，落实国家文物局专项整治行动，重点查处破坏、损毁不可移动文物，擅自改变国有文物保护单位用途行为，实行离任审计和终身追责。

首先是在"一张图"的基础上搭建"一个平台协同管理"，构建空间信息管理协同平台，实现建设项目、规划、国土资源管理信息，以及文物、环保、林业、水利、交通、教育、农业等部门规划信息资源的共享共用，实现各部门业务的协同办理。其次是推动审批制度改革、审批流程再造，推行"一张表"受理。依托协同平台，按照建设项目的流程进行阶段优化，全面推动审批制度改革，推动政府职能转变，进一步促进科学决策、民主决策和依法决策。最后，实行党政一把手亲自抓、上下联动。

专栏4-2　文化遗产进入"多规合一"的技术路线
——以秦汉新城为例

以大遗址资源很集中但与新城发展矛盾也很集中的秦汉新城为例，这条技术路线由图4-1、图4-2可见：通过秦汉新城区域内的各个规划叠加，发现其间存在的差异斑块，对总体规划层面的"主体功能区规划""土地利用规划""城市环境规划"等，与各专项规划（如"文物保护规划""生态功能区划""旅游发展规划"等），在用地规模和用途上的矛盾和差异进行协调。对于同为建设用地的非冲突地区，在不违背国土基本政策的前提下，对生态用地进行规模挖潜，即建设用地规模调出（以下简称"调出"）。根

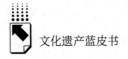

据"调出"的建设用地规模，对梳理的近期重点建设项目中落入非建设用地（生态管控区和遗址管控区）的部分，根据项目排序情况进行建设用地规模再分配，即建设用地规模调入（以下简称"调入"）。最终，使"调入"与"调出"在数量上保持一致，在土地总量规模不突破的前提下，实现建设用地布局与用途的优化。

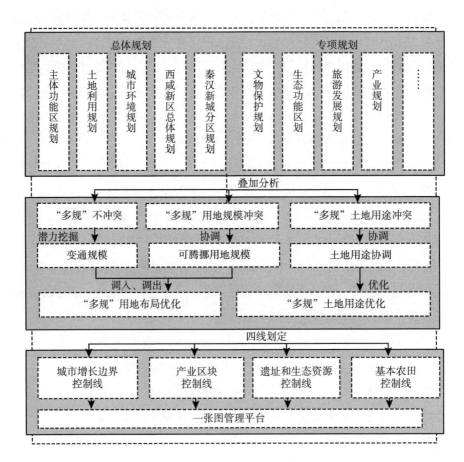

图4-1 文化遗产特色发展方式进入"多规合一"的技术路线

各控制线具体含义和划定标准如下：

（1）文物古迹保护控制线

指依照文物古迹保护相关法律、法规确定的有利于对文物古迹进行特殊

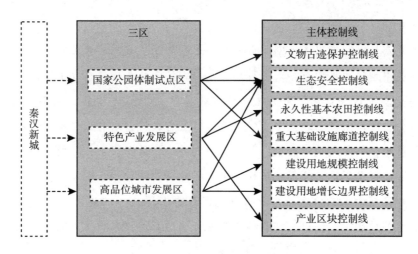

图4-2　"多规合一"控制线体系

保护和管理的边界线。

划定标准：应当符合《文物保护法》《历史文化名城保护规划规范》《城市紫线管理办法》等的要求，并将下列土地纳入文物古迹保护控制线内：①保存文物较多的片区；②历史建筑集中的片区；③保留着传统格局风貌的片区；④曾经作为政治、经济、交通、文化的中心或者军事要地，或者曾发生重要的历史事件，或者其发展的传统产业及曾经建设的重大工程对本地区的发展产生较大影响，或者能够反映本地建筑文化特色、民族特色的区域；⑤需要予以特殊保护的人文景观、遗迹等保护区域。

（2）生态安全控制线

指为保障秦汉新城内基本生态安全，维护区域生态系统稳定、完整、连续，防止城市过度膨胀，并在充分考虑区域生态环境承载力的前提下，按照相关法律、法规文件所划定的控制线。

划定标准：将自然保护区、一级水源保护区、森林公园、郊野公园及坡度大于25%的山地、林地、主干河流、水库、湿地及具有维护生态系统完整性功能的生态廊道和隔离绿地等用地边界线确定为生态安全控制线。

（3）永久性基本农田控制线

指国土部门土地利用数据库中秦汉新城内永久性基本农田保护区的边

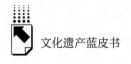
界线。

划定标准：应以国土部门最新的土地利用变更数据库为基础，以数据库中该类用地的边界为准，来进行划定。应当纳入永久性基本农田控制线内的土地类型如下：①经国务院主管部门或县级以上地方政府批准确定的粮、油、棉、蔬菜生产基地范围内的耕地；②具备良好的水利设施及水土保持设施的耕地，处于改造中或已列入改造计划的中、低产田地；③用于农业科研与教学的实验田地；④集中连片程度相对较高的耕地；⑤毗邻的城市间、组团间和交通干线间绿色隔离带的耕地；⑥为农田生产和建设服务的农村道路、水利设施、农田防护林和其他农业设施的土地及农田间的零星土地。

（4）重大基础设施廊道控制线

指为保障城镇重大基础设施顺利建设和安全运营而划定的建设控制地带外围的边界线。划定该控制线对城乡远期发展具有很好的作用，可避免因重大基础设施布置不当而出现阻碍城乡发展的情况。

划定标准：该廊道的预留应根据城乡未来的发展方向定，对预期重大水源的引入、重大排水管线的去向、重大电力和燃气等管线的可能走向均应预留基础设施廊道。具体包括铁路、高速公路、一级公路、高架快速路、三至五级航道、架空 220kvF（含）以上电力线等相关设施及两侧需要控制的区域。

（5）建设用地规模控制线

按照秦汉新城一定期限内的建设用地规模指标，在落实国民经济和社会发展规划确定的重点发展区域、产业园区和重点建设项目基础上，协调城乡规划和土地利用总体规划的建设用地布局，在一定期限内划定的允许建设的统一控制线。

划定标准：应当统筹考虑各城镇建设用地的实际需求，协调城乡规划和土地利用总体规划的建设用地布局进行综合划定。

（6）建设用地增长边界控制线

指秦汉新城一定时期内在城市规划区范围内划定的可进行城镇开发建设与不可进行城镇开发建设的用地界线。

划定标准：建设用地增长边界控制线应当包括中心城区规划建设用地，

以及中心城区周边与中心城区连绵发展的产业园区及下辖城镇的规划建设用地。此外，增长边界控制线在特殊情况下，可以与建设用地规模控制线相重合。

(7) 产业区块控制线

指为优化秦汉新城产业空间布局，促进产业高效集聚发展而划定的控制界线，从而为产业项目的选址提供依据。

划定标准：应根据国民经济和社会发展规划确定的工业园区、高技术产业园区和物流园区，对秦汉新城产业现状、发展基础、支撑条件、未来发展方向和前景预测以及在区域经济发展中承担的职能分工等多方面内容进行研究分析，综合确定产业发展空间布局。以此划定由产业园区组成的用地集中区的边界线为产业区块控制线，作为用地性质为"工业仓储类"的新增工业制造及仓储项目选址区域，用于推动工业项目集聚发展。

总之，秦汉新城是以文化遗产富集为资源特色的国家级新区，针对其独特的"三区发展"路径，应设置不同的主体控制线，在三区内形成各自的控制线体系，以引导三区协同发展，落实空间管制。

三　过程中的制度建设：补偿、考核和机构能力

（一）文物相关补偿机制

借鉴《生态文明体制改革总体方案》，文物资源的有偿使用和补偿制度的目标，是建立操作性强的反映市场供求的资源稀缺程度、文物损害成本和修复收益的有偿使用和补偿制度，构建对文物保护区域和文物使用方的转移支付、地区间的收益付费和市场服务的生态补偿制度体系。包括使用权、收益权等的用益权进行有偿转让，即利益交换、补偿和分配等要以权利金的给付来体现，同时政府作为管理者对文物的利用开发活动征收相关税费。制度目标就是营造公平、公开、公正的资源市场环境，形成统一、开放、有序的资源初始配置机制和二级市场交易体系，建立易于政府调控、市场配置有序

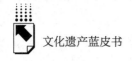

的资源流转运行机制，在充分保护的前提下，保障利用方式的合理性。

文化遗产事业在发挥正面贡献的同时，也可能给城市发展带来暂时的、小范围的负面经济影响。必须通过包括补偿机制的特殊机制和包括土地政策单独处理的特别政策等来消除这样的影响，从而使文化遗产在得到保护的同时全面助力城市特色发展。针对潜在利益受损者，做出给予利益补偿的制度安排。涉及的文物主要是不可移动文物（包括国有私有文物、文物保护单位和一般不可移动文物）、大遗址、历史文化街区、传统村落等。主要包括两个方面：对限制了其生产资源的用途或使用强度的情况进行补偿，如建控地带的保护性征拆安置、限耕限挖、产业限制等；对保护人员付出的劳务成本进行补偿，如社会参与文物保护的管护成本和私人文物保护的成本等。实施文物相关的保护补偿是调动各方积极性，保护文物和文化遗产的重要手段，也是文物系统生态文明制度建设的重要内容（广义来说，文物相关的补偿也是生态补偿）。

《文物保护法》对有关社会主体在文物保护方面的责任做出明确规定。然而，这些规定对公众文物保护义务的设置并不均等。《文物保护法》在修订稿中对文物保护中公私利益平衡问题有所关注，正视了由于文物保护个人和企业利益受损的客观情况，但没有提出因利益受损而给予合理补偿的总体要求，而是对一个矛盾较为突出的工作领域做了具体规定，即对于工程建设单位因采取文物保护措施所导致的合法利益损失，给予合理补偿。但对于补偿的方式、程序和标准等，并未做出具有可操作性的规定。此外，对非国有文物所有权人因履行文物保护义务而受到的权利限制和利益损失，并未明确规定予以补偿。《关于进一步加强文物工作的指导意见》提出，要研究制定文物保护补偿办法，采取社会募集等方式筹措资金，解决产权属于私人的不可移动文物保护维修的资金补助问题。尽管取得一定进展，但是保护补偿的范围仍然偏小、标准偏低，保护者和受益者良性互动的体制机制尚不完善，一定程度上影响了保护措施行动的成效。

文物保护补偿的基本原则：权责统一、合理补偿；政府主导、社会参与；统筹兼顾、转型发展。

　　主要通过体制机制进行创新：建立稳定投入机制；推进横向生态保护补偿；健全配套制度体系；创新政策协同机制；结合生态保护补偿，推进精准脱贫和加快推进法制建设。

　　文物保护补偿机制是指在文物保护过程中，对相关利益受损者进行补偿的机制。或从概念和机制设计的角度看，应构建具有全面性和可行性的补偿机制，从制度上明晰"为何补、补给谁、谁来补、补多少、怎么补"五个问题的答案和操作细节。具体来说，补助是为了减少保护产生的负外部性，确保地区的发展。补助的对象主要有当地政府、保护区的居民以及相关保护机构。补助主要由中央政府和地方政府来负责。补助的金额要具体根据文物的类型和保护利用方式，在研究后得出。文物保护补偿的方式既包含专项拨款、专款补助、以奖代补和合同购买等直接资金补贴方式，又包含税收返还、政策扶植和荣誉奖励等间接补助的方式。

　　文物保护补偿机制不同于传统文物保护机制。传统文物保护机制注重以行政手段为主，调节文物利益相关方；文物保护补偿机制以经济手段为主，调节文物利益相关方。传统文物保护体系侧重于对文物本体的保护，文物经费在文物事业系统内循环；文物保护补偿机制则侧重对文物相关利益受损者进行补偿，或者对潜在机会损失的购买，文物经费面向社会开放和使用。文物补偿机制作为一种制度创新，第一有利于包容行业内外的文物保护单位，推进中国从"小文物体制"向"大文物体制"转变。目前，中国实行的是以文物博物馆行业为主体的"小文物"管理体制，国家管理职能相对局限在文物博物馆系统，对非文物博物馆系统的文物机构缺乏有效的调控手段。而国家文物保护补偿机制的涵盖范围，则不限于文物博物馆系统，而是要将旅游、国土、教育等多部门管辖的所有文物保护单位纳入。第二有利于涵盖国有产权和私人产权的文物保护单位。第三有利于形成以国家公共资源投入为主体，吸引社会资源配套投入的文化遗产保护机制。但鉴于中国各地区文物保护工作情况各异，所以允许各地因地制宜对补偿方式进行探索，尤其注重探索协商型、激励性补偿方式，并与文物的合理利用相结合，如所有权置换、容积率转移，以及通过协商寻求其他社会主体"认保"性参与等；通过税收减免等方式补偿其利益损失，也是一种重要的选择。通过与受偿主体进行协商，在尊重主体正当权利、考虑主体实际需求的同时，拓展补偿方式，也可优化行政补偿的社会效果。多样化和协商型补偿方式，是缓解传统行政补偿方式所面对的财政压力、提高文物保护工作社会效果的有效途径。

文物补偿机制在实践中有多种形式，有些改革率先的地方还对文物补偿机制进行了优化升级，专栏4-3说明了文物补偿机制在实践中的操作形式。另外，还有通过文物基金会的形式对产权不属于国家的文物保护进行补偿的方式①。

专栏4-3　良渚遗址保护区的文物补偿新办法

——为搬迁从补集体到补个人

良渚遗址保护范围（涵盖重点保护区、一般保护区）多达42平方公里，又地处杭州近郊、经济发达、人口密集。长期以来，良渚遗址保护范围内的农户建房一直是遗址保护和经济发展、民生改善面临的较大难题。良渚遗址保护区的文物补偿主要包括两个方面：对限制了其生产资源的用途或使用强度的情况进行补偿，如建控地带的保护性征拆安置、限耕限挖、产业限制等；对保护人员付出的劳务成本进行补偿，如社会参与文物保护的管护成本和私人文物保护的成本等。《良渚遗址保护区文物保护补偿办法》主要基于这两方面考虑，主要是对村集体进行补偿。由于保护要求的提高，遗址保护区内的部分农户需要外迁才能满足更高的保护要求。

----

① 个人产权的文物建筑特别是列为各级文物保护单位的文物建筑，虽然产权是私有的，但作为文物同样是祖国文化遗产的一部分，同样具有一定的历史文化和科学艺术价值，因此应当列入政府依法保护的范围。此外，产权人若居住在文物建筑内，不能依自己的意愿随便改造、扩建，应视为个人权益受损或受限，政府亦应予以补偿。但目前这部分文物并没有各级财政补助的渠道，居住人又无力修缮，以致造成文物建筑的破败乃至消失。这种情况在传统村落表现突出。财政部门应研究设立国家文物保护基金，重点补助支持传统村落中个人产权文物建筑的保护与维修。国家文物保护基金将融合官办民助和官办民营等特点，其原始基金主要来自中央财政的创办性投入和多次后续扶助性投入，可以从中央财政国家重点文物保护专项资金和中央补助地方文化体育传媒事业发展专项资金中拿出一部分，同时吸收社会捐赠。可考虑由国家文物局和财政部组建基金运营管理机构，以具有专业技术知识的社会聘用人员为主体，并充分发挥社会团体组织、相关领域专家和社会志愿者的作用。

2018 年，《良渚遗址农村私人住房外迁鼓励补偿办法（试行）》正式实施。为切实解决良渚遗址尤其是重点保护区内的农户建房难题，推进遗产的有效保护和管理，确保遗产的真实性和完整性，良渚遗址管委会在 2017 年启动良渚遗址农村私人住房外迁补偿办法编制工作，开展了详尽的前期摸底调查，广泛听取了各方意见建议。经过近一年时间的不断完善，经余杭区政府区长办公会议研究同意，《良渚遗址农村私人住房外迁鼓励补偿办法（试行）》（以下简称《办法》）于 3 月 29 日正式发文，于 2018 年 5 月 1 日起实施。该办法所指的外迁范围为良渚遗址重点保护区、经考古调查或发掘确认的良渚遗址本体和良渚古城外围水利工程保护范围。在适用范围内拥有合法农村私人住房，且按规定不得原址新建而实施外迁的农户，在完成原房屋拆除、原址集体土地交还并经验收合格后，将获得文物保护搬迁补偿资金。

该办法坚持"保护第一、以人为本、总量控制"的原则，按照"群众自愿、政府引导、规划调控"的方式，逐步有序地鼓励良渚外迁区域内农户向外搬迁。该办法的实施，为满足农户生产生活需要，改善民生提供了一个有效的解决途径，也是落实《杭州市良渚遗址保护管理条例》和《良渚遗址保护总体规划》的有力保障。

有别于 2005 年起实施的《良渚遗址保护区文物保护补偿办法》对良渚遗址保护范围内村社集体经济的补偿，该办法实施后将直接补偿到每户建房农户。这是良渚遗址管委会（指挥部）开展文物保护补偿工作的新探索，可进一步完善文物保护补偿体系，取得遗产保护和民生改善的最大平衡、良性发展。

（二）领导干部政绩考核

习近平总书记对 2016 年全国文物工作会议的指示是："各级党委和政府要增强对历史文物的敬畏之心，树立保护文物也是政绩的科学理念，统筹好文物保护与经济社会发展。"发展理念的变化落实到实际工作中，首要的就是把保护文物纳入地方经济社会发展的顶层设计，在规划中予以明确，从而有利于协调各方、推动落实。

《关于加强文物保护利用改革的若干意见》再次强调"各地区要将文物工作纳入地方党政领导班子和领导干部政绩考核综合评价体系，切实增强各级领导干部文物保护利用的意识"。这使《国务院办公厅关于进一步加强文物安全工作的实施意见》提出的"党政同责"等制度得到强化。另外，还需要完善相关制度和技术手段，开展绩效考评并实施目标责任管理，加大政绩考核，加大考核权重，将考核结果与干部选拔任用挂钩，真正发挥考核评价和选人用人的"指挥棒"作用。

目前，这方面制度建设的落地方式已有多种。例如，在全国文明城市的考核中，文物保护已经成为必考项。但政绩考核有复杂性，既要正面引导，也要奖惩分明。正面引导，即在文物保得住的同时，让文物活起来并带动城市特色化，这样的政绩需要引导，但这样的政绩考核起来难度很大，因为这种利用文物实现发展方式转型的政绩都需要久久为功；奖惩分明比较容易实现，即文物无安全事故就奖、出了安全事故就罚，这要靠末端的制度建设（问责）配合。

（三）各类文物管理机构的管理单位体制改革

2016年，习近平总书记在对文物工作做出重要指示时强调"各级文物部门要不辱使命，守土尽责，提高素质能力和依法管理水平，广泛动员社会力量参与"，对文物行政管理部门和文物相关管理机构的能力提出了要求。

文物行政管理部门应力争形成更有力的行业管理。国家、省级、市县各级文物行政部门应明确管理权责，提高协调能力，调动各方面资源形成事业发展合力。在2018年中央的大部制机构改革后，确保文物行政管理机构在机构改革中不被削弱是加强文物工作的重要任务。至少在文物分布密集区域突出文物行政管理机构的独立存在性是形势所需，是文物部门守土尽责的必要条件。

文物相关管理机构则应顺应国家事业单位改革要求，完善分类管理制度：对公益一类事业单位只能在合适的空间范围内采用特许经营制度；鼓励公益二类事业单位在合适的空间范围内以自身经营或特许经营方式开展各类经营活动，并强化上对下和公众参与的监督机制。

这其中，尤其要注意博物馆的管理单位体制改革。《关于加强文物保护利用改革的若干意见》明确提出了分类推进博物馆法人治理结构建设，赋予博物馆更大办馆自主权。发展智慧博物馆，打造博物馆网络矩阵。鼓励文物博物馆单位开发文化创意产品，其所得收入按规定纳入本单位预算统一管理，可用于公共服务、藏品征集、对符合规定的人员予以绩效奖励等。落实非国有博物馆支持政策，依法依规推进非国有博物馆法人财产权确权。其中也提出了创新人才机制，包括制定文物博物馆事业单位人事管理指导意见，健全人才培养、使用、评价和激励机制。实施新时代文物人才建设工程，加大对文物领域领军人才、中青年骨干创新人才培养力度。出台文物保护工程从业资格管理制度。按照国家有关规定，适时开展文物领域表彰奖励。建设文物领域国家智库。这两方面的制度建设，使文物相关管理机构的相关创新在机构、人才上都有了制度保障。文化创意产品产业发展中一些走回头路的现象，可望因此得到缓解。

四　末端制度建设：督察和问责

在生态文明体制的八项制度中，生态文明绩效考核和责任追究制度是末端，但是"last but not least"，这样专门针对政府的制度，是奖惩分明中"惩"的主要承担者，核心是确保"政府履责"。于文物系统而言，类似的制度体现在督察和问责两个方面。通过这两方面的制度建设，各级政府才能完整形成"保护文物也是政绩"的理念，使文物在属地化管理的基本格局下得到依法保护和"合理适度利用"。

（一）文物督察制度

督察，在文物系统中可从国家文物局督察司的行政职能中看出。国务院颁布的《国家文物局主要职责内设机构和人员编制规定》，明确规定成立督察司，其职责是"拟订文物行政执法督察和案件查处的有关规定；组织开展文物行政执法、文物和博物馆安全保卫督察工作；组织查处文物违法重大案件，协助配合有关部门查处文物犯罪重大案件"。实际上，督察司的工作

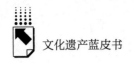
已经涵盖了传统督查工作中的"监督、检查、执法、报告、协调、服务"六项内容。督察和督查的区别，如表4－3所示。这种编制角度的有利政策，为文物系统解决监督机制不健全问题提供了最好的保障。

表4－3　督察制度和督查制度的区别

督察制度	信息稳定且现场查办难度较大(事情影响较大且涉及面广)的，报告作用更重要。主要适用于中央与地方存在短期和长期利益矛盾且监督所需信息来源简单的公益部门(如国土资源部门)。督察机构职能是对其所监管的部门进行监督、核查，发现问题向上级直属职能部门报告，对国家对口职能部门负责	国家或省(州)级专业职能部门垂直管理*
督查制度	需要直接查办否则容易丢失证据或者补救不及的。主要适用于中央与地方存在短期和长期利益矛盾且监督所需信息来源困难的公益部门(如环保部门)。督察机构职能是对其所监管的部门进行监督、核查，协调跨区域问题，发现情况向上级直属职能部门报告，对国家对口职能部门负责，为其派出执法机构	国家或省(州)级专业职能部门垂直管理

　　* 与属地化管理相对应的是垂直管理，采用垂直管理机制的政府职能部门通常实行地方政府和上级部门的"双重领导"，上级主管部门负责管理业务"事权"，地方政府负责管理"人、财、物"，且纳入同级纪检部门和人大监督。政府职能部门实行垂直管理，就意味着脱离地方政府管理序列，不受地方政府监督机制约束，直接由省级或者中央主管部门统筹管理"人、财、物、事"。不同部门的垂直管理机制在具体运作过程中，还有很多差别，如部分业务职能局独立出来实行垂直管理，不是全部事务实行垂直管理，垂直管理层延伸到地级市、区县或者乡镇街道。实行垂直管理部门共同的特点就是垂直性、相对独立性，业务运行基本上脱离同级政府的行政管理框架，封闭在系统的条条框架内，特别强调业务的敏感性和保密性。

　　《关于加强文物保护利用改革的若干意见》中明确提出："开展国家文物督察试点。加强国家文物督察力量，试行向文物安全形势严峻、文物违法犯罪案件和文物安全事故多发地区派驻文物督察专员，监督检查地方政府履行文物保护责任情况，督察督办重大文物违法犯罪案件办理和重大文物安全事故处理工作。强化省级文物部门督察职责。落实市、县文化市场综合执法队伍文物行政执法责任。"更具体一点，从处理保护与利用的关系、弥补文物系统工作短板的角度看，督察制度改革的主要目标是：切实落实地方党委和政府文物保护的主体责任，解决当前的主要问题，促进文物产业发展，推动发展方式转变，全面提升生态文明建设水平。过去十年，正是文物系统的督察行政部门从无到有、从小到大的过程。为了加强这方面的制度建设，应建立文物督察制度，参照土地督察制度，争取国务院授权国家文物局成立国家文物督察机构，代表国务院对各省、自治区、直辖市及计划单列市人民政府文物保护情况进行、监督检查。国家文物督察机构向地方派驻下属文物督察局，代表总督察履行监督、检查职责。对地方破坏文物的行为，文物督察局上报总督察并向地方人民政府提出整改意见，对整改不力的或违法违规行为，由上级相关部门进行依法办理。另外，督察要在每年全国范围内组织落实，使其成为常态。具体见表4-4。

表4-4 文物系统督察相关制度的建议方案

项　　目	文物系统督察相关制度
模　　式	中央或省级文物部门垂直管理
授　　权	争取法定授权以提高部门协调能力
机构设置	国务院授权国家文物局建立区域文物督察中心，为国家文物局直接派出机构，由国家文物局督察司统筹指导，区域督察中心按传统地理分区标准设置，分别设立东北、华北、华东、华南、西北、西南六大区域督察中心
职　　能	区域文物督察中心具有国家文物局督察司授权的承担重大文物破坏案件的查办工作等五项职能*
信息来源	依靠地方文物部门的督察机构提供信息或公众监督(如投诉举报)

　　* 区域文物督察中心的职能建议包括：①受国家文物局督察司授权，承办重大文物破坏案件的调查、处理和相关应急工作；②建立与公众联系的窗口并及时处理或上报公众对文物保护利用相关事务的信息、意见和建议；③对跨地区的管理事务进行协调并达成有关信息共享；④为地方文物管理部门和文博机构提高管理质量提供业务指导；⑤与地方政府文物部门所辖督察机构合作并向国家文物局督察司报告所辖区域文物工作落实、履法情况；⑥与地方政府文物部门所辖督察机构合作建立对重点文物保护单位和博物馆的文物安全预警机制；⑦承担国家文物局督察司交办的其他工作。

　　督察制度必然要靠分层设立的督察队伍来支持，垂直管理的督察机构必须在多方面与地方文物局的执法监察部门建立合作关系，尤其在信息发现和督察方面。遇到文物保护冲突事件时，除地方文物部门上报上级部门外，区域督察中心在地方文物局督察部门的配合下行使"察"权。若发现问题，区域文物督察中心在"察"清情况后上报国家文物局督察司，督察司再根据具体情况指导区域文物督察中心和地方文物保护部门共同工作①或遇到阻

---

　　① 也可授权区域督察中心指导工作。

力后报送国务院——要求地方政府进行配合。垂直管理的督察机构和地方文物局督察机构的职能分工见表4-5。

表4-5 垂直管理的文物督察机构与地方文物局督察机构的职能分工对比

职能	垂直管理的大区文物督察机构	地方文物局督察机构(如北京市文物局安全督察处)
落实	检查级别较高的文物保护单位和博物馆日常管理情况和安全工作情况,确保国家的有关行政资源投入规定能够得到落实	巡视检查全国重点文物保护单位、重点抽查市级文物保护单位保管使用文物情况
履法	指导、检查全国文物行政处罚工作,指导地方文物部门核查、处理文物安全案件	指导并监督检查地方文物系统文物保护、安全保卫工作;监督检查在文物保护单位保护范围内和建设控制地带内的违法违章建设工程;监督检查设计、施工单位在古建修缮过程中的违法违章行为
报告	建立与公众联系的窗口,并及时处理或向国家文物局督察司上报公众对文物保护利用相关事务的信息、意见和建议	发现与文物有关的违法行为上报文物局。在涉及地方政府违法或跨区域违法问题的情况下,上报垂直管理的文物督察机构
查办	受国家文物局督察司授权承担重大文物破坏案件的调查、处理和相关应急工作	查处破坏文物建筑、损坏文物、博物馆馆藏文物流失、违法违章考古勘探或发掘、违法违章购销文物等行为
协调	对跨地区的管理事务进行协调并达成有关信息共享(文物行政执法与文物安全信息共享网络建设),负责协助、配合有关部门查处文物犯罪重大案件	协同地方政府有关部门联合开展文物犯罪专项打击工作和文物安全信息建档工作
服务	为地方文物管理部门和文博机构提高管理质量提供业务指导	为地方文博机构提高安全工作水平提供业务指导
其他	承担国家文物局督察司交办的其他工作	承担地方文物局(或文化局)交办的其他工作
共同作为	与地方政府文物部门所辖督察机构合作并向国家文物局督察司报告所辖区域文物工作落实、履法情况,合作建立对重点文物保护单位和博物馆的文物安全预警机制	

考虑这些方面后,文物督察相关制度建议按图4-3的方案构建。国务院授权国家文物局督察司建立区域文物督察中心,区域文物督察中心为国家文物局派出机构,直属于国家文物局督察司。区域文物督察中心按传统地理分区标准设置,分别设立东北、华北、华东、华南、西北、西南六大

区域文物督察中心，各中心所辖范围内的各省、自治区、直辖市设立直属文物保护监察小组。区域文物督察中心的职能是：①受国家文物局督察司授权承办重大文物破坏案件的调查、处理和相关应急工作；②建立与公众联系的窗口并及时处理或上报公众对文物保护利用相关事务的信息、意见和建议；③对跨地区的管理事务进行协调并达成有关信息共享；④为地方文物管理部门和文博机构提高管理质量提供业务指导；⑤与地方政府文物部门所辖督察机构合作，并向国家文物局督察司报告所辖区域文物工作落实、履法情况；⑥与地方政府文物部门所辖督察机构合作，建立对重点文物保护单位和博物馆的文物安全预警机制；⑦承担国家文物局督察司交办的其他工作。

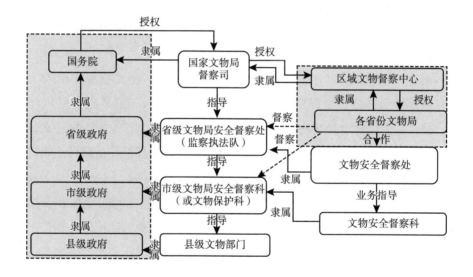

图 4 - 3 文物督察体系建议方案

（二）问责：终身问责制

如上文所述，与领导干部政绩考核机制配合，必须构建问责机制，作为末端制度建设的重要部分。这样才能使文物保护利用的制度改革完整并责任到人。主要包括以下几个方面。

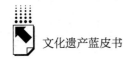

一是党政同责。将地方党委领导成员尤其是党委主要负责人作为追责对象；以文物产权确权及损坏情况为依据，明确对地方党委和政府领导班子主要负责人、有关领导人员、部门负责人的追责情形和认定程序。区分情节轻重，对造成文物轻度损害的，予以诫勉、责令公开道歉、组织处理或党纪政纪处分，对构成犯罪的依法追究刑事责任。在城市发展过程中，文物破坏主要体现于"法人违法"，而这又与党政领导干部的忽视甚至纵容密不可分。要强化文物保护责任，可以参照计划生育政策，明确文物保护中"必须坚持党政一把手亲自抓、负总责"①。

二是终身追责。建立文物损害责任终身追究制，规定对文物损害负有责任的领导干部，不论是否已调离、提拔或退休，都要严格追责。

三是双重追责。既追究文物损害责任人的责任，又强化监管者、追责者的责任。另外，对严重破坏负有责任的干部，不得提拔使用或者转任重要职务。

而对领导干部的审计关系着干部的任免、奖惩。将文物保护纳入《关于开展领导干部自然资源资产离任审计的试点方案》，形成经常性审计制度。最核心的内容就是明确责任、界定责任。可以从为什么审、审什么、审计结果怎么用这三个方面来看。①目的是促进领导干部更好地履行文物资产管理和保护的责任，推动建立健全领导干部政绩考核体系，推动领导干部树立科学的政绩观和发展观，防止只管经济发展，不管文物的保护和合理利用，进而促进整个生态文明建设。②对领导干部任职前后区域内文物资产实物量变动情况进行重点审计，对重要级别的文物或者文化遗产等也要进行重点审计。对人为因素造成文物资源资产数量减少的、质量下降的、损害严重的，要实事求是地界定领导干部应承担的责任。③审计报告将送给干部管理部门，如审计署的审计报告将会给中组部、中纪委等，如果涉嫌犯罪，还要移交给司法机关。审计结果将对落实责任、问责追责，对干部的使用、任免

---

① 例如，计划生育基本国策要求党政同责，且这种要求始终没有放松，如2013年12月中共中央、国务院颁发的《关于调整完善生育政策的意见》中再次明确指出了党政一把手的责任。

和奖惩，提供重要依据或者基础。对此文物系统中已经有具体的实施案例，见专栏4－4所示。

专栏4－4　文物保护和追责制案例

案例一　对常德文旅公司在全国重点文物保护单位的违规建设追责带动了文物行政管理机构建设

2018年初，国家文物局遴选公布了15个"2017年度文物行政执法指导性案例"。其中的湖南省常德市文化旅游投资开发集团有限公司擅自在全国重点文物保护单位桃花源古建筑群保护范围内进行建设工程案与本节主题较为契合。

湖南省桃花源古建筑群是第六批全国重点文物保护单位。2016年12月，常德市文物局接到群众举报，经查证后发现：常德市文化旅游投资开发集团有限公司未经文物部门许可，擅自在桃花源古建筑群保护范围和建设控制地带内施工建设。这是一起典型的旅游开发中文物法人违法案件。常德市文物局对常德市文化旅游投资开发集团有限公司处以罚款人民币50万元的行政处罚。常德市桃花源旅游管理区管委会对相关人员进行了处理，区管委会、区宣教文旅局相关负责人被严肃追责，常德市文化旅游投资开发集团有限公司免除了相关人员的职务。常德市文物部门顶住压力依法查处并追究相关人员责任，维护了文物保护法律法规的权威。更重要的是，常德市以案例带动制度建设：常德市桃花源旅游管理区管委会印发了《桃花源旅游管理区关于加强古建筑群文物保护工作的有关规定》，签订了文物保护责任状，给文物部门增加了编制。只有追责到人并因此带动制度建设，才能使文物的问责机制真正起到文物保护利用机制改革中事后制度不可或缺的作用。

案例二　贵州将文物保护终身问责纳入法规

贵州省已出台《关于加强文物工作的实施意见》，明确将实行文物保护终身问责制，对文物保护履责不到位的领导干部，无论其是否已调离、提拔或者退休，都将严肃问责。根据该意见，对于履行职责不力、决策失误、失

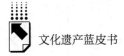

职渎职导致文物遭受破坏、失盗、失火，造成国家保护的珍贵文物或者文物保护单位损毁、灭失的，要依法追究相关责任人、主管部门和当地政府的责任；涉嫌犯罪的，将移送司法机关处理。此外，贵州还将建立健全文物保护工作勘察设计、施工、监理、技术审核质量负责制，对违反国家法律法规和相关技术标准，造成文物和国家财产遭受重大损失的，严肃追责。

（本章初稿执笔：苏杨、王宇飞、蒋凡、张颖岚、白海峰）

附　件

平衡保护与利用关系、形成"共抓大保护"机制的法国经验及其对适合国情的文物保护利用之路的启示

平衡保护与利用的关系，是全球文化遗产管理追求的重点，也是管理的难点。法国是文化遗产强国，在历经两次世界大战和战后的经济高速增长期后，文化遗产保存状况良好且在"让文物活起来""共抓大保护"等方面形成了若干模式，并建立了配套齐全的体制机制。这对仍处于经济高速增长期但对文化遗产事业已经提出高发展要求的中国来说，借鉴意义直接且独特。

一　法国文化遗产管理的基本框架及发展脉络

法国与中国一样，一直为拥有悠久的历史和璀璨的文明而自豪，但其对遗产的科学认识及形成的管理体制机制，远远早于中国。法语中的遗产（patrimoine）一词来自拉丁语 patrimonium，指"父亲留下的财产"。但随着时间的推移，遗产的内涵和外延都发生了演变，从个体到群体，从物质到非物质，从文化到自然，到如今将"记忆"的概念也引入遗产的概念中。截至 2017 年，法国有列入联合国教科文组织世界遗产名录的世界遗产 43 处，文物建筑 45000 处；法国共有 8000 多家博物馆，其中 1200 多家在"法兰西博物馆"网络之中。法国连续多年为世界第一大旅行目的地，文化遗产对旅游目的地的贡献最大①：埃菲尔铁塔、卢浮宫、凯旋门、巴

---

① 2009 年文化遗产蓝皮书技术报告第二章用文物吸引力因子定量衡量文化遗产对旅游目的地的贡献。

黎圣母院等文化遗产地作为法国的象征，有着强大的生命力和吸引力。法国的遗产可以分为四个大类：第一，动产；第二，不动产；第三，公共区域的遗产，如海洋、山地等；第四，非物质文化遗产，如口述史、传统生产方式等①。

在法国，保护文化遗产已经成为全民共识，历史文化遗产的评价标准和管理办法也日趋成熟。政府通过法律、行政、经济、舆论等多种手段，使宝贵的文化遗产不仅没有因经济建设而受到破坏，而且成为促进经济发展的重要手段。政府很好地平衡了遗产的保护和利用。

法国文物保护的历史虽然悠久，但并不是天生的，源头在 18 世纪：伴随着启蒙运动，现代的文物保护意识及学科体系在法国萌芽。首先，启蒙时代形成新的时间观念，人们普遍接受了过去和现在有距离的观念，因此将过去视为研究的客体，而遗产成为具有现实意义的媒介。其次，启蒙运动诞生了民族国家的概念，因此遗产的保护成为身份认同的一种方式。最后，启蒙理性所形成的选择、分类、分级等手段，最终成为保护准则可以执行下去的技术保障。1789 年法国大革命是启蒙运动的高潮，民族主义情绪在这一运动中达到顶峰。在大革命时期，一方面，人们进行革命活动，想与过去彻底割裂，大量的文物建筑被破坏、被转卖；另一方面，文物过度的破坏和对民族身份的追求催生了对文物的保护。现代保护理念起源于 18 世纪，但直到19 世纪遗产保护才真正进入公共决策领域，而 20 世纪是遗产的内涵和外延都极大发展的阶段。

1830 年，法国成立了专门研究**历史建筑**的国家机构，设立了文物建筑总监的职位。1840 年，第一份文物建筑的分类清单产生，法国成立了直接受其内政部领导的文物建筑管理委员会，负责对已经清点过的文物建筑进行技术分析并且负责必要的修复工程。**1887 年，法国第一部文物建筑保护相关法律颁布。该法律认为应从"历史或艺术角度"对具有"国家利益"**（intérêt national）的建筑物进行保护，从而限制私有财产，将国家干预合

---

① 第一、第二类在中国一般称为物质文化遗产，第三类在中国一般称为自然遗产。

法化。1887 年的法律有两项重要的规定。第一，神圣的私有财产所有权可以受到限制。根据"国家利益"，确立保护清单，保护清单上所有建筑的工程都必须得到中央有关部门的同意，包括产权人对该建筑进行拆除、修缮或改变等工程。这标志着财产权的第一次社会化。第二，基于对文物建筑环境的思考，对文物建筑周边环境的保护和对其本身的保护同等重要。这一概念被纳入后来的法规中，并对历史环境中新建筑的建设控制起到重要作用。但是由于"国家利益"非常难以界定，因此，保护清单中受保护的建筑非常少。

直到 1905 年，有关政教分离的法令对法国的宗教建筑遗产是一次重大的打击，也可以说是一个极大的触动和机会。该法令引起了关于"国家利益"遗产保护的大讨论。1905 年 12 月 3 日颁布的法令，明确了法兰西共和国保证公民的信仰自由，但不提供资助。所有宗教建筑都是"公共的"，但小教堂划归市镇所有，大教堂等划归国家所有。政教分离后，国家不会没有区别地资助维护和修缮所有的教堂，于是许多市镇的教堂长期得不到资金维护，而这引发了国家是否需要新的政策对宗教建筑进行保护的大讨论。讨论催生了法国历史上最重要的文物保护法：**1913 年 12 月 31 日颁布的《历史纪念物法令》**（**Loi du 31 décembre 1913 sur les monuments historiques**）。此法令的规定主要包括以下几个方面。第一，将 1887 年《历史纪念物法令》中确立的以"历史、艺术利益"为标准的"国家利益"（intérêt national），修改为"公共利益"（intérêt public），将一些很有价值的宗教建筑纳入国家管理和资助的范畴。第二，把拟保护的建筑分为"列级保护的历史建筑"（monument historique classé）和"注册登录的历史建筑"（monument historique inscrit）两类。如果国家认为符合"公共利益"，那么不经产权人同意就可以对某一建筑进行"列级"保护。列级保护要求比较严格，要求对文物建筑从历史学和艺术的角度进行保护。而登录保护要求相对简单，主要是对文物建筑的变化进行监督和有效的管理。第三，规定主管文化事务的部长负责文物建筑的保护工作，但必须听取文物建筑委员会的意见。在 1913 年《历史纪念物法令》基础之上，法国又出台了一系列的法规、条例、政府决议，制定了一系列的强制性措施、鼓励性措施和

惩罚性措施，以保证对文物建筑的保护和管理，并且鼓励其向公众开放，以实现其社会效益。

而对一些自然**景观地**（sites）的保护，如瀑布、泉水、岩石、岩洞、树林等，1906 年法国颁布了《景观地保护法令》。该法规定为了保护自然界的美好，为了所有人的利益，必须保护壮丽或优美的景观，应该限制从大革命开始赋予每个人的"神圣不可侵犯"的所有权。这一法令第一次明确，应该在人类活动和自然保护、资源地和生活地保护之间找到平衡。1930 年，该法得到补充和完善，成为历史上著名的《景观地法》。与文物建筑一样，该法将景观地分为"列级"和"登录"两种。随着时间的推移，景观地的内涵也得到发展，原先主要限定在一些自然物上，后来逐步扩大到人们创造的田园景观以及城市中的特色景观，如巴黎城区内的战神广场（Champ-de-Mars）（埃菲尔铁塔前的广场）。目前巴黎环线以内大约有 80% 的面积被注册登记在景观地的补充名单上。根据 1930 年《景观地法》第 12 条的规定，对于被列级保护的景观地，"除非有特别的准许，禁止任何破坏、改变其面貌状况的行为"。因此，所有可能引起列级景观地性状及其完整性改变的项目，如立面维修、树木裁剪、插建建筑物等都受到严格的控制。而对登录景观地的控制要相对灵活很多。至 2016 年，法国共有景观地 9000 个，其中 3000 个列级景观地、6000 个登录景观地。

随着城市的不断发展、城市风貌的急剧改变，人们意识到**文物建筑与围绕它的空间**是不可分割的。于是在 1943 年，法国通过了《文物建筑周边环境法令》，在文物和景观之间建立了联系。一个以文物建筑为中心、以 500 米为半径的圆周范围被法律划定为受保护区域，任何人不得在未经授权的情况下，随意改动原建筑风格。"文物建筑周边环境"的概念、范围以及保护措施是自动生效的，即一旦某个文物建筑被确定，在其周边便自动形成半径 500 米、面积约 78.5 公顷的保护范围，其中的建设活动都将受到严格控制。在保护范围内，不能有任何未得到特殊准许的建设活动，保护和文物建筑息息相关的自然元素（独立的树木、树篱，成行的植株、树林等），保护围绕文物建筑的建筑物，保护基地上或街道上的特征（城市家具、铺地材料、公众照明等)。之后逐渐演变,根据文物建筑所在城市的肌理,圆周的范围可以在保持面积不变的情况下进行适当的调整(如附图1-1)。与此相关的另一个概念是可视范围(le champ de visibilité),这个概念包含两层意思:文物建筑的可视性,以及文物建筑和所研究建筑之间的互视性。这个更多是从美学角度考虑的概念要求法国国家建筑师(ABF, Architecte des bâtiments de France)在现场进行非常细致的个案研究(如附图1-1、附图1-2)。由于法国几乎每个市镇都至少有一个被列级或登录的文物建筑,因而实际上其覆盖的范围是非常大的。

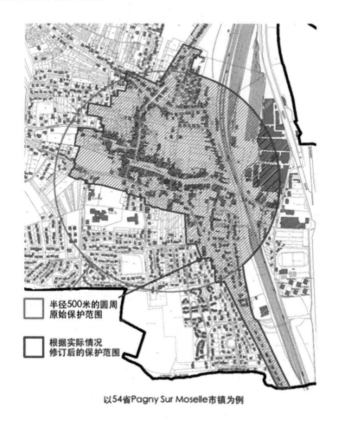

以54省Pagny Sur Moselle市镇为例

附图1-1 可视范围的两个情景示意图

对一个**区域**的保护,法国是从1962年颁布《马尔罗法案》(Loi Malraux)开始的。《马尔罗法案》把有价值的历史街区归入"历史保护区"

情景1：自文物建筑可以看到工地

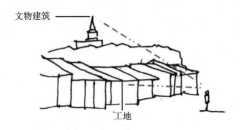

情景2：在第三点可同时看到工地与文物建筑

附图1-2　保护范围调整示意图（以 Pagny sur Moselle 为例）

（secteurs sauvegardés），法国同时制定了保护和使用的城市规划，并严格管理。在保护区内，不得随意拆除建筑物，国家可以资助经过国家建筑师指导的维修工作。保护区制度确立了双重目标。首先，保护的范围逐步从对单体建筑的保护向对历史环境的保护延伸，城镇遗产的概念渐渐得到发展，城镇的历史价值和美学价值融入城市肌理中。当城市中的某些区域"体现出历史的、美学的特征，或其建筑群整体或局部应该得到保护、修复和价值重现"时，国家开始建立"保护区"，在此保护区内实行特殊的管理制度和审批制度。其次，一种新的城市更新模式出现了，保护区政策的内涵要求城市更新的目的不仅仅在于物质更新，评价标准是改善环境品质和提高社区活力。保护区有两个目的：第一，避免或阻止在历史街区中可能造成的不可挽救的损失；第二，不仅保证历史的、建筑的、城市遗产的品质，而且改善老住宅，以保证其中的生活能够满足现代化标准。保护区制度要求制定"保护和价值重现规划"（Plan de sauvegarde et de mise en valeur，PSMV）。当居民根据自己的需求想要对文物建筑进行修缮时，需要提出申请，国家建筑师会在确保景观整体连贯性的基础之上，根据建筑、艺术、人文等方面的标准对其加以鉴别并指导修缮。通过该规划对保护区的整治措施的设计，需要考虑到美学和技术等因素。基于国家强制性的要求，国家一直保留着对保护区的"保护与价值重现规划"的编制权和审批权。在此后的地方分权法下放诸多权利到地方后，保护规划成为唯一由国家进行编制和管理的城市规划文本。

除文物建筑及其周边、景观地及历史保护区外，在 1983 年法国《分权法》（*Décentralisation*）颁布的背景下，诞生了"建筑、城市遗产保护区"，后又扩展为"建筑、城市与景观遗产保护区"（Zone de protection du patrimoine architectural, urbain et paysager, ZPPAUP）。这是一项由**市镇政府（地方政府）主导**的历史文化遗产保护制度，与地方城市规划的编制相互衔接，以确保其在地方用地和空间规划中有效实施。ZPPAUP 的诞生有几个方面的原因。第一个原因是《分权法》的颁布。《分权法》颁布后，地方政府具有了城市规划和城市管理的权力，可以自行制定和管理土地使用规划，并且可以发放建筑许可证。与此同时，中央政府为保证国家利益，对上述文物建筑及其周边、景观地及历史保护区仍有保护权力。ZPPAUP 的建立使地方层面在对其所属土地进行城市规划的同时，和国家一同保护其土地上的其他历史文化遗产。ZPPAUP 帮助中央政府和地方政府建立起遗产保护方面的联系，即中央与地方首先在规划上实现了"共抓大保护"。第二个原因是文物建筑周边自动生成的 500 米的圆周保护范围在实际应用中并不合理，如果每次都由国家建筑师进行个案分析又很繁复。ZPPAUP 能提供解决这类问题的思路，保证文物建筑与其所在场所的融合性。第三个原因是没有文物建筑存在的地方也有遗产保护的需求，如存在于广大乡村地区的特色小村镇等。从实施结果上看，ZPPAUP 一般建立在人口规模小的村镇和乡村地区。数据显示，45% 是在人口小于 2000 人的市镇，23% 位于人口在 2000 ~ 5000 人的市镇，13% 位于人口在 10000 ~ 50000 人的市镇，只有 3% 在 100000 人以上的市镇。因此，ZPPAUP 也可以认为是法国针对历史文化村镇的主要保护制度。

值得一提的是，尽管 ZPPAUP 不属于法定城市规划文件，即不制定单独的文本，但是其最终成果作为限制性文件附在地方城市规划的规范性文件之后，以确保实施。其内容一般包括三大部分。第一，说明报告：主要介绍在研究过程中发现的历史、地理、城乡、建筑和景观特征，划定保护区范围，明确该地区遗产保护和价值重现的目标。第二，规划总图：明确标注对每一个区域、每一幢建筑所需要采取的措施。第三，设计导则：一是对"可以做"的规定，如修复、建筑屋面翻修或者立面整饬、种植等；二是对"不可以做"的规定，如禁止拆除、砍伐、改变建筑外观，以及对建筑高度、插建方式和土地占用方式的规定；三是对建造方式的规定，如材料、程序、技术、色彩、公共空间的处理方式、城市家具的选择、商业店面的布局等。从建筑、城市与景观遗产保护区的内容来看，这是极为细致、实用的村镇空间形态控制文件，而与地方城市规划的衔接也确保了其在操作层面的有效实施。

ZPPAUP 作为地方层面的村镇保护制度，其建立过程是当地居民与建筑师、城市规划师、景观设计师、人类学等专家共同调查研究及探讨交流的结果。他们尤其注重挖掘村镇内乡土特色的构成要素，包括自然环境要素、农业环境要素以及聚落和建筑要素，并将之与当地的文化历史背景联系起来，塑造具有地方特色的文化意象。

历史保护区（secteurs sauvegardés）与建筑、城市与景观遗产保护区（ZPPAUP）制度实行几十年来，在文化遗产保护方面取得的成果显著。2016 年 7 月，法国颁布《创作自由、建筑与遗产法》（Loi n° 2016 – 925 relative à la liberté de la création，à l'architecture et au patrimoine），使用"突出遗产地"（Site patrimonial remarquable）囊括之前并存的历史保护区与建筑、城市与景观遗产保护区等机制。这一变化不仅是名称上的，还体现了当下法国在遗产政策上的变化，也在一定程度上代表了未来遗产事业发展的方向。

《创作自由、建筑与遗产法》带来几个重大的变化。**一是在法律层面加强了对世界遗产的保护。**1975 年，法国成为《世界遗产公约》的缔约国。截至 2017 年，法国共有世界遗产 43 处，总数居世界第四。其中包含 39 处文化遗产、3 处自然遗产及 1 处混合遗产。《创作自由、建筑与遗产法》的颁布，强调了中央层面在世界遗产保护上的参与度，注重中央与地方的保护规划衔接，使世界遗产的保护有了更好层级的保障。**二是机构改革**。中央层面：合并了原先的全国文物建筑保护委员会（Commission Nationale des Monuments Historique）和全国历史保护区委员会（Commission Nationale des Secteurs Sauvegardés），成立了新的全国遗产与建筑委员会（Commission Nationale du Patrimoine et de l'Architecture）。委员会的主任由选举产生，空缺时可由文化部部长兼任。地方层面也进行了对应机构的合并。**三是管理机制变化**。新的管理机制名为"突出遗产地"，综合了之前长时间并行的历史保护区与建筑、城市与景观遗产保护区制度。"突出遗产地"制定"保护和价值重现规划"（Plan de sauvegarde et de mise en valeur, PSMV），规划没有完成编制之前暂时延续使用 ZPPAUP。**四是废除文物建筑周边 500 米自动生成的建设控制地带**，建设控制地带的确定由国家建筑师进行个案分析。通过这几个变化，可以明显观察到两点。一是管理机制、管理机构和管理办法的全面精简。全面精简一方面有助于文化遗产管理的"统一、规范和高效"，另一方面有利于更好地理清普通大众与遗产的关系，拉近遗产与大众的距离，使大众积极参与到遗产保护的事业中去。二是十分注重遗产保护与规划的衔接，注重中央和地方的权责划分。不论是加强世界遗产的保护，还是"突出遗产地"的改革，都强调与地方规划的衔接，以保证遗产保护的合理及完整。

纵向对法国文化遗产保护体系进行梳理后，不难看出遗产保护的发展始终在追求理性：看待历史的理性、审美的理性、价值的理性、方法的理性。遗产的内涵和外延都在不断突破，并且每一次的理性认识突破都通过法律的形式固定下来。"物理"及"法理"在法国经验中得以很好地体现。而合理保护利用文物中的"人理"在法国经验中也很突出。法国文化遗产管理团队专业性很强，接受的训练十分严格。法国的遗产管理制度和人才培养体系是保证文化遗产事业成功的关键。

国家层面上，法国文化部① （Ministère de la Culture） 下设遗产总司②（Direction générale des Patrimoines），是文化部的四大职能部门之一。它的三大主要使命包括：第一，对遗产的保护和价值重现；第二，支持艺术创造，推动艺术教育和技能传承；第三，确保文化产业发展对文化遗产的创造传播和新技术发展做出贡献。

除了强大的中央遗产保护机构，法国在地方派驻了强大的机构进行日常管理，即省级建筑与遗产局。两者之间的大区文化事务厅（DRAC）主要承担协调管理的工作。省级建筑与遗产局最主要的职责就是保证中央和地方之间的对话，协调城市规划和制定遗产保护的政策。

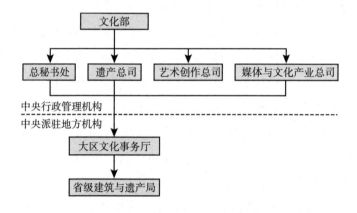

附图 1 - 3　法国文化遗产管理体制

省级建筑与遗产局会同国家相关部门、地方政府共同研究保护空间的价值、保护管理的规定。一旦这些规定在地方和国家层面得到批准，省级建筑与遗产局就要负责对这些空间中建设、拆除、土地划分、城市规划、电力线设置、树木砍伐、招牌广告设置等项目签署意见。根据保护程序和工程类型，意见分为强制性意见（avis conforme） 和非强制性意见（avis simple）。

---

① 1959 年，法国文化部成立。1974 年，法国文化事务部转变为文化与环境事务部，1977 年转变为文化及交流部，2017 年又更名为文化部。

② 遗产总司于 2010 年 1 月 13 日设立。其前身为博物馆司、文献司及建筑遗产司。

颁发许可证的职能部门（市长或省长）必须遵从强制性意见。否则，由大区区长征求大区遗产和景观地委员会意见后做出裁决。非强制性意见是作为参照执行的。文化部可以要求提审卷宗，提出意见，取代地方颁证机构做出的决定。

二　法国经验对中国相关问题的借鉴性

法国文化遗产方面的经验在四个关系的处理上非常有借鉴意义。

一是内容与形式的关系。一方面，从形式上看，每一个现实存在的散布在不同区域大大小小的文化遗产，都是历史的见证、文化的积淀，当然应该保护好。对此，法国政府不仅通过立法保护文化遗产本身，而且连带周围的区域环境一起保护。如果遗产保护与城市建设发生冲突，后者必须为前者让路。另一方面，从内容上说，文化信息才是文化遗产的灵魂，没有文化信息，也就无所谓文化遗产。所以，对于那些已经残缺或者消失的历史遗迹，法国一般不会以重建的手段让其恢复。可见，文化遗产一定是内容与形式的统一，不能不保护，也不能为保护而保护。若是为了所谓"恢复古国荣光"，借着文化遗产的旗号大搞建设，则属于过于追求形式，没有处理好内容和形式的关系。

二是保护与利用的关系。文化遗产，既要保护，也要利用；或者说，保护的目的就是让其价值得到更大的发挥。法国虽然对文化遗产保护严格，但并不是说不利用，而是非常巧妙地把保护与利用结合起来，既使文化遗产得到保护，又能充分展现其价值和功能。譬如，巴黎奥赛博物馆就是在一个受到保护的废弃火车站基础上改造而成的，在保持原有建筑整体框架、结构、空间不变的情况下，发挥想象力，进行再创造。如今这里已经成为与卢浮宫、蓬皮杜艺术中心并列的巴黎三大艺术博物馆之一。事实上，法国政府一直在积极鼓励历史文化遗产向公众开放，希望其发挥最大社会效益，让法国人民在了解国家文化遗产的同时，更多地参与到文化遗产的保护中。中国目前也有很好的利用案例，如北京市重点文物保护单位智珠寺。2013 年 5 月

31 日，联合国教科文组织"亚太地区文化遗产保护奖"在京揭晓。北京智珠寺古建筑群荣获该项大奖，成为 2012 年度中国地区唯一荣获此奖项的保护项目。项目评委会给智珠寺的获奖评语写道："智珠寺，这座公元 17 世纪晚期北京的宏伟寺庙建筑群，经全面修缮，愈发显示出其丰富的历史积淀，令世人传颂景仰。修缮前，院内古建破败不堪，淹没在与其格格不入的新建筑中。尤其值得注意的是，这项由私人部门发起的浩大工程始终坚持尊重古建本身各方面的历史价值与建筑成就。参与其中的工匠和画师以其专业技能，高质量地完成了 180 块木制彩绘天花板的修复工作。如今，修缮后的寺庙建筑群以全新面貌回归公众视野，并有了一项新功能，就是举办各类文化盛事和活动。"智珠寺历史建筑的保护修缮完全符合国内外主流的文化遗产保护理念，修缮工程精益求精，修缮后的利用采用多功能复合方式（艺术展陈、餐饮、酒店、会议等），在全面保护智珠寺历史建筑的前提下，充分发挥文物价值，切实有效地经营管理，其文化和经济效益显著，知名度高，在此基础上同时坚守大部分空间对普通公众开放更显得难能可贵。智珠寺是目前北京文物建筑"合理利用"的最佳典范之一，也是中国文物建筑保护利用双赢的优秀榜样。

三是传统与现代的关系。在法国，从中央到地方、从政府到民间，有很多保护文化遗产的法规与条例，但这并不影响传统文化遗产与现代美学元素完美结合而进行的大胆创新。著名的华裔建筑师贝聿铭在卢浮宫外加入的三个玻璃体金字塔就是一个经典案例：大的金字塔为博物馆的地下入口，其他两个作为地下展厅，由此形成地上地下博物馆的有机组合。三个金字塔，在功能上，使观众的参观线路变得更为合理，他们可以直接去自己喜欢的展厅，而不必穿过其他展厅；在艺术上，实现了古与今、传统与现代穿越时空的对话。因此，贝聿铭对卢浮宫的创造性改造，不仅是在地面上矗立起玻璃体金字塔，还包括卢浮宫庞大的地下博物馆，从而使卢浮宫的文化遗产价值得到更完美的发挥。

四是局部与整体的关系。法国在文化遗产保护方面总是十分注重与规划的衔接。不管是历史保护区还是建筑、城市与景观遗产保护区，都是从规划角度出发，保证一定范围内的遗产有连续性和完整性。中国在保护规划上起步较晚，从 1995 年至今经过二十多年的发展大致可以分为三个阶段。第一个阶段，1995～2002 年，属于保护规划的初创时期。当时文物保护规划只是一种概念，国家相关部门并没有出台专项文物规划编制方法，各个文物保护单位根据自己的理解来编制。当时取得的成绩是将文物本体落实到图纸上，并规划落实了文物保护范围与建设控制地带。例如，早期的《桥陵文物保护规划》，由于当初没有文物保护规划的编制办法，因此其规范性不强。当初编制规划除完成了保护区划的落定，还做了绿化设计和司马道的整体保护工程，形成了汉唐帝陵规模庞大的整体保护效果及绿化率较好的桥陵现状。第二个阶段是从 2002 年到 2012 年，可以称之为推广时期。2004 年，国家文物局颁布了《全国重点文物保护单位保护规划编制要求》《全国重点文物保护单位保护规划审批办法》。当时认为文物保护单位都应该列入文物保护规划。随后，文物保护规划具备了相应的制定办法和基本模式，规划的编制工作也逐渐走向成熟。这一时期，在编制古建筑保护规划时，根据保护对象内容及周边环境的不同，规划策略和重点内容也不同。一些小型的古建筑，如山西泽州汤帝庙，文物构成相对简单，周边环境基本为村落，因此保护规划的主要内容是对文物的区划规划。由于大型寺庙，如韩城文庙、东营庙、城隍庙，分布在一个集中片区，因此为其编制建筑保护规划时，需要以整体为对象全面考虑。而对于另一些在国家层面具有独特地位的大型古建筑，在编制思路上应有所不同。如西岳庙，就要从它和周边环境整体考虑，甚至前置于城市总体规划去考虑，充分指导当地城市总体建设。在编制石窟寺保护规划时，由于石窟寺规划具有自身特色，因此也要将它所依附的载体纳入保护对象充分考虑，需要随地形划出自然环境控制区，此外还需对石窟寺本体做详细研究，如分区域编号、分类统计残损、精确统计残损数量等，如重庆江津石门大佛寺保护规划。在编制遗址类保护规划时，由于保护对象相对不确定，所以需要经过考古工作或历史文献研究，需要不断动态调整其保护区划，如《秦始皇陵保护区划调整规划》。第三个阶段是 2012 年至今，可以称之为拓展阶段。拓展阶段的现状已然超出传统的文物保护规划体例和要求。拓展一：文化遗产认定超出文物保护单位范围，保护对象类型不断增加，已有规定无法满足保护需求，需要重新诠释文化遗产理念。例如，大运河、丝绸之路、长城都是巨型文化遗产，既是文化路线，也是线性文化遗产，又是遗产组合，当初编制保护规划的要求和规定难以完全满足保护规划的要求。拓展二：文化遗产概念不断拓展，文物保护单位间的关联性得到重视，但缺乏整体保护规划与措施。在过去的文物保护中，公众参与性较差。现在国家提出文化遗产要惠及社会，这对于文化遗产的利用及规划是一个新的命题。2014 年 11 月，国家发改委、国土部、环保部和住建部等四部委联合下发《关于开展市县"多规合一"试点工作的通知》。强化政府空间管控能力，实现国土空间集约、高效、可持续利用，也是改革政府规划体制，建立统一衔接、功能互补、相互协调的空间规划体系的重要基础。"多规合一"文件确定了 28 个试点城市，其中云南省大理市、甘肃省敦煌市等是文化遗产资源富集的区域，但这些区域的"多规合一"工作尚未将文物保护规划"合"进去。"多规合一"是文物工作融入大局的重要机遇之一。在"多规合一"中专门增加文保单位图层，可使文物保护的空间和强度要求获得法定城市规划的刚性支持，也可使相关区域的城市发展"放开手脚"——明晰空间范围和管制要求后，其他方面的城市发展就没有了禁区，且周边区域可以突出什么样的文化特色、整合什么样的资源，有了明晰的技术指导。

法国的文化遗产保护实践，除较好地处理了以上四个关系外，还有以下四点值得中国借鉴。

一是完善的法律法规，合理有"法理"可依。法国是世界上首个通过立法来保护文化遗产的国家。1887 年，法国第一部文物建筑保护相关法律颁布。该法律从"历史或艺术"角度对具有"国家利益"的建筑物进行保护，从而限制私有财产，将国家干预合法化。1913 年 12 月 31 日颁布的《历史纪念物法令》是世界上第一部保护文化遗产的现代法律。该法明确指出，不论是公共财产还是私人财产，一旦被认定为历史性建筑，就不得拆毁，而其维修费用将由政府部分或全部资助。1962 年颁布的《马尔罗法》

则开始划定国家的"历史保护区",将文化遗产与周边环境一起保护。《历史纪念物法令》和《马尔罗法》分别是"文化遗产"与"保护区"两个层次内容的文化遗产保护法的核心。两部法规详细规定了保护范围、保护方法、申请保护的行政程序、享受的税收优惠等,内容全面细致,可使有关行政人员、专业保护人员都有章可循。而地方政府则可以根据城市自身的特点,结合城市规划,制定更为详尽、深入及有针对性的保护、管理、控制性法规与文件。可见,完善的国家立法框架与灵活具体的地方立法相结合,是法国文化遗产保护法律制度的最大特色。中国现行的文化遗产法有《文物保护法》和《非物质文化遗产法》。从现有的法律体系看,文物作为个体物存在更为突出,将很多与文物本身有机联系的部分排除在外,不利于保护。有关历史文化名城、名镇、名村、历史建筑等的保护,只有《历史文化名城名镇名村保护条例》或者部门规章,而且责、权、利关系远未理清,因此在实践中存在非常多的问题。

二是保证资金投入,处理好文物工作与社会经济发展之间的关系。资金是文化遗产保护成功的重要保障。法国历任总统都把文化作为立国之本,历届政府都坚持国家在文化事业发展和文化遗产保护中的主导作用,并确保对文化领域的财政支持力度。即使在经济疲软和财政紧缩的双重压力下,法国仍然坚持财政预算向文化倾斜的政策,文化预算不但没有减少,反而稳中有升。2017年度法国财政预算显示,文化预算为75亿欧元,政府授权文化部门对某些文化消费提取税款约10亿欧元,政府为扶持文化事业,对某些文化项目减免应收税款约15亿欧元。三项加在一起,2017年法国文化预算总额达到100亿欧元,比2016年增长5.5%,占政府总预算的1.1%。此外,法国政府还出台政策,鼓励有实力的基金会、企业和个人出资支持文化遗产保护,个人可以获得相当于捐赠数额66%的税收优惠,企业可以从营业税中扣除相当于捐款60%的税款。法国政府愿意加强在文化遗产保护方面的投入。文化遗产行业能为法国创造10万个就业机会和50亿欧元的收入。在经济危机时期,这对于国家经济复苏起到支撑作用。2013年,法国政府在编制预算时,计划为文化遗产保护投入7.76亿欧元。

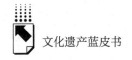

三是调动一切力量，上下结合，"共抓大保护"。总体上来看，法国的文化遗产保护体系是由政府主导，民众和非政府组织为辅，上下结合，从政府到民间，从一般民众到专业人员，全社会广泛参与、共同保护的一个完整体系。其中政府内部，中央与地方的事权划分很明晰，上文多次提到，在此不赘述。在"共抓大保护"中，很重要的一点是，法国政府认为仅凭行政力量不足以覆盖文化遗产保护的各个方面，还要积极鼓励、支持民众和各种民间组织自觉参与文化遗产保护。法国的每个城市几乎都有文化遗产义务宣传员，大多由当地居民担任。他们协助学校开展丰富多彩的文化遗产保护教育，在报刊上发表文章，自发组织展览，成立非营利性街区保护组织，引导人们认识和了解文化遗产。在法国，文化遗产保护工作虽然是由文化部牵头，许多重大决策也由文化部拍板定案，但在具体落实上，则基本是由文化部所属的历史纪念物基金会、文化艺术遗产委员会、考古调查委员会等非政府组织和其他一些民间文化遗产保护组织完成。这些民间组织，比如全国各地的文化遗产保护协会，大约有 1.8 万个，成员多由专家学者和文物爱好者构成。他们一般具有一定的专业知识，对地方的文化遗产非常了解，不仅能弥补政府力量的不足，而且可以营造全民参与文化遗产保护的良好社会氛围，吸引更多的民众加入文化遗产保护队伍。此外，法国政府出台政策，鼓励有实力的基金会、企业和个人出资支持文化遗产保护事业，还简化了遗产保护性基金会成立和运作的手续，并给予税收优惠支持。

在此试举三例，以具体分析法国如何鼓励全民参与，上下结合，实现"共抓大保护"：一是遗产基金会（Fondation du patrimoine）；二是欧洲遗产日（Journées européennes du patrimoine）；三是大区公园模式（Parcs naturels régionaux）。

遗产基金会成立于 1996 年，建立的初衷是保护那些等级不够、急需被保护却并没有被采取任何措施的遗产，即政府力量覆盖不到的遗产。遗产基金会的资金主要来自社会资助。其工作有两部分：一是发现急需保护的遗产，并予以标记；二是对遗产进行修缮和挖掘遗产的价值。2000～2008 年期间，遗产基金会组织修缮了 6607 处遗产，资金总额逾 3 亿欧元。遗产基金会每年可以提供 1800 多个就业岗位，对经济的带动能力很大。被遗产基金会识别标记过的遗产在修缮中产生的费用一部分来自基金会，另有至少20% 来自国家的补助。此举极大地提升了业主修缮遗产的意愿。事实证明，国家组织保护的能力有限，而与遗产保护产生关系的个人和团体发挥着巨大的作用。只有协调好各利益相关方的角色，才能做到"共抓大保护"，从而最终实现"人人参与遗产保护，保护福利惠人人"。

欧洲遗产日是鼓励民众参与遗产保护的一个很直接有效的方式。欧洲遗产日首先在法国实行，每年 9 月的第三个周末，法国所有的博物馆、艺术馆、总统府、市政厅和城堡等免费向游客开放。由于遗产日当天会有很多一般不开放的场所开放，所以每年民众参与的热情都非常高。这项活动也得到欧洲其他国家的积极响应，1991 年欧洲理事会决定将这一天定为"欧洲文化遗产日"，从此该活动在欧洲 40 多个国家展开。欧洲遗产日每年都有不同的主题，无疑每年都能引发社会上广泛且深刻的研讨。

大区公园是法国生态系统比较脆弱且社区密度较高的乡村地区自愿选择的一种平衡保护和发展的治理工具。大区公园的建立是自下而上的：首先由自愿加盟的各市镇提出建立大区公园的动议，在得到大区政府的认可之后，由大区负责筹建，最终以国家法令的形式得以确认。在大区公园建立的过程中，区域内的一切利益相关方会进行充分的讨论，将共同遵守的纲领以宪章的方式固定下来。与生态保护为单一目标的传统方式不同，公园内部有数量众多的社区，也就是对人文因素的保护是大区公园的重要目标：居民要充分参与社区的发展与治理行动，且在大区公园的框架内保持一种与自然和谐的方式。在大区公园内，人与自然是一个整体，传统的生活方式被充分尊重，被保留下来的社区和文化遗产也为大区公园增添了活力。大区公园与建筑、城市与景观遗产保护区（ZPPAUP）一道，为法国的乡村振兴立下了汗马功劳，是法国乡村振兴所依靠的两大主要工具。

四是培养专业人才。主要有**国家建筑师**（ABF，Architecte des bâtiments de France）**制度与专业的遗产培训学校**。国家建筑师是直属法国中央政府的遗产管理公务员，大多被派到中央派驻地方的机构（主要是省级建筑与遗产局）工作，是法国城市建设和遗产保护方面的核心管理团队。20 世纪以来，随着景观地、文物建筑周边环境等保护空间的产生，文物建筑主任建筑师已经无法完成所有相关管理，因此主要致力于文物建筑本体的保护工程和管理工作。在这样的背景下，1946 年 2 月 21 日，法国在地方建立服务机构"法国房屋署"，任命"法国国家建筑师"负责管理文物建筑和一般的民用建筑——这是国家建筑师名称的由来。国家建筑师的职责随着保护制度的发展而不断扩大。国家建筑师直接管理属于法国文化部或国家资助的列级文物建筑项目的日常维护修缮工程。国家建筑师通过给建设许可证出具同意或不同意的意见，保证新的建设不破坏文物建筑及其周边环境和景观地的整体环境。1962 年保护区制度和 1983 年 ZPPAUP 制度建立后，法国国家建筑师逐步确立了其作为"管理主体"的地位。随着"省级建筑与遗产局"代替二战以后的"法国房屋署"，以及 1983 年《地方分权法》的颁布，城市规划权力下放到地方，国家建筑师被赋予新的任务：参与《土地使用规划》的编制，并且在地方向地方政府、行政官员、公众宣传国家的遗产保护政策，保证地方在进行建设时，能够实现遗产保护和地方发展的平衡。因此，他们一方面是"公共利益"的守护者，另一方面又是地方经济发展的促进者。截至目前，法国一共约有 200 名国家建筑师。法国每年会有一次选拔考试，每年被录取的人数非常少（10～20 个），然后进行为期一年的"精英式"培养，使他们有足够能力来承担国家赋予的责任。

夏约学校（École de Chaillot）是法国国家级的遗产专家培训中心。法国在 19 世纪涌现出许多现代的建筑遗产保护理论思想与实践。1830 年，法国内政部部长福兰索瓦·基佐（Guizot）成立了专门从事建筑遗产保护的历史建筑委员会，同时指派吕多维克·维蒂（Vitet）作为总督导。这是法国在国家层面进行系统化遗产保护的开端。该委员会的工作包括建立文物保护单位名录、组织文物修复等。接替维蒂任总督导的是梅里美（Mérimée），在1840 年公布了第一批文保单位。到 1887 年，历史建筑委员会委托维奥莱·勒·杜克（Viollet-le-Duc）的学生阿纳多尔·德鲍多（Anatole de Baudot）成立一个培养职业修复建筑师的机构，从此诞生了夏约学校。

在文物修复和遗产保护的历程中，很多词语是新发明。维奥莱·勒·杜克在《11～16 世纪法兰西建筑词典》中的"论修复"（restauration）词条里写道："修复"这个词及行为都是现代的。文物修复对不同派别的建筑师所有的现代意义是不同的。勒·杜克倾向于将修复视为历史建筑的生命完善，于是他的修复方案有时候更像是对历史建筑的改造，动作剧烈；同时期以拉斯金为代表的英国学者却拒斥对历史建筑做大幅改动。在 1830 年前后，法国诞生了比较系统的中世纪考古学，标志事件是史学家阿尔西斯·德高蒙出版了他的书《古典时代建筑教程（1830～1841）》。法国学界建立起完善的考古学学科体系，一方面激发建筑师和社会民众重视保护历史建筑，另一方面给史学家和建筑师提供更为科学的史料挖掘和档案保存的方法。这一切促使文物修复实践更具成效。

尽管法国国家层面的文物修复和遗产保护浪潮已从 20 世纪 30 年代逐渐开始，但一直没有出现专门化的培养文物保护建筑师的机构。一开始很多跟文物保护有关的课程只能在保守的巴黎美院开展，但奉行古典风格的巴黎美院教师常常阻挠这类课程。人们逐渐意识到在巴黎美院的体系内难以展开职业化的遗产保护教育。直到 1887 年，才由德鲍多在特卡德罗宫（Palais de Trocadéro）创立了系统的遗产保护课程，教学目标定为"为国家培养修复宗教建筑以及其余历史建筑的专门人才"。德鲍多编写了系统的遗产保护教案，并且聘请了不同的学者来讲授不同的领域。

从创办之初到今天，夏约学校一直都是培养遗产保护建筑师而不是培养建筑学生。也就是说，必须首先成为注册的建筑师才能进入夏约学校研修课程。德鲍多还强调，图纸和模型对于文物保护建筑师的训练不可或缺。此外，夏约学校还强调实践，认为工地才是一名遗产保护建筑师成长的场所。这些夏约学校的教学传统无疑保障了专业修复人才的能力，学生从夏约学校毕业后成长为法国文物建筑领域最重要的力量。

夏约学校从 2007 年开始隶属于法国文化部下**建筑遗产之城（Cité de l'architecture et du patrimoine）**协会。

中国目前在少数学校开设了"历史建筑保护工程"专业学位教育，但

是并未很好地纳入现有的文化遗产实践体系，比如与文物保护资质的结合、与遗产管理体系的结合等。因此，针对中国当前的遗产保护实践体系，亟须建立完善的遗产教育体系，培养既掌握科学的调查和分析方法，又有正确的遗产保护价值观，并有跨学科整合遗产保护知识与思想创新的遗产保护专业人才。

（本部分执笔：王茜、陈叙图）

❖ 皮书起源 ❖

"皮书"起源于十七、十八世纪的英国,主要指官方或社会组织正式发表的重要文件或报告,多以"白皮书"命名。在中国,"皮书"这一概念被社会广泛接受,并被成功运作、发展成为一种全新的出版形态,则源于中国社会科学院社会科学文献出版社。

❖ 皮书定义 ❖

皮书是对中国与世界发展状况和热点问题进行年度监测,以专业的角度、专家的视野和实证研究方法,针对某一领域或区域现状与发展态势展开分析和预测,具备原创性、实证性、专业性、连续性、前沿性、时效性等特点的公开出版物,由一系列权威研究报告组成。

❖ 皮书作者 ❖

皮书系列的作者以中国社会科学院、著名高校、地方社会科学院的研究人员为主,多为国内一流研究机构的权威专家学者,他们的看法和观点代表了学界对中国与世界的现实和未来最高水平的解读与分析。

❖ 皮书荣誉 ❖

皮书系列已成为社会科学文献出版社的著名图书品牌和中国社会科学院的知名学术品牌。2016年,皮书系列正式列入"十三五"国家重点出版规划项目;2013~2018年,重点皮书列入中国社会科学院承担的国家哲学社会科学创新工程项目;2018年,59种院外皮书使用"中国社会科学院创新工程学术出版项目"标识。

中国皮书网

（网址：www.pishu.cn）

发布皮书研创资讯，传播皮书精彩内容
引领皮书出版潮流，打造皮书服务平台

栏目设置

关于皮书：何谓皮书、皮书分类、皮书大事记、皮书荣誉、

皮书出版第一人、皮书编辑部

最新资讯：通知公告、新闻动态、媒体聚焦、网站专题、视频直播、下载专区

皮书研创：皮书规范、皮书选题、皮书出版、皮书研究、研创团队

皮书评奖评价：指标体系、皮书评价、皮书评奖

互动专区：皮书说、社科数托邦、皮书微博、留言板

所获荣誉

2008 年、2011 年，中国皮书网均在全
国新闻出版业网站荣誉评选中获得"最具
商业价值网站"称号；

2012 年,获得"出版业网站百强"称号。

网库合一

2014 年，中国皮书网与皮书数据库端
口合一，实现资源共享。

权威报告·一手数据·特色资源

皮书数据库
ANNUAL REPORT(YEARBOOK)
DATABASE

当代中国经济与社会发展高端智库平台

所获荣誉

- 2016年，入选"'十三五'国家重点电子出版物出版规划骨干工程"
- 2015年，荣获"搜索中国正能量 点赞2015""创新中国科技创新奖"
- 2013年，荣获"中国出版政府奖·网络出版物奖"提名奖
- 连续多年荣获中国数字出版博览会"数字出版·优秀品牌"奖

成为会员

通过网址www.pishu.com.cn访问皮书数据库网站或下载皮书数据库APP，进行手机号码验证或邮箱验证即可成为皮书数据库会员。

会员福利

- 使用手机号码首次注册的会员，账号自动充值100元体验金，可直接购买和查看数据库内容（仅限PC端）。
- 已注册用户购书后可免费获赠100元皮书数据库充值卡。刮开充值卡涂层获取充值密码，登录并进入"会员中心"—"在线充值"—"充值卡充值"，充值成功后即可购买和查看数据库内容（仅限PC端）。
- 会员福利最终解释权归社会科学文献出版社所有。

数据库服务热线：400-008-6695
数据库服务QQ：2475522410
数据库服务邮箱：database@ssap.cn
图书销售热线：010-59367070/7028
图书服务QQ：1265056568
图书服务邮箱：duzhe@ssap.cn

社会科学文献出版社 皮书系列
SOCIAL SCIENCES ACADEMIC PRESS (CHINA)

卡号：597263757665
密码：

基本子库 SUB DATABASE

中国社会发展数据库（下设 12 个子库）

全面整合国内外中国社会发展研究成果，汇聚独家统计数据、深度分析报告，涉及社会、人口、政治、教育、法律等 12 个领域，为了解中国社会发展动态、跟踪社会核心热点、分析社会发展趋势提供一站式资源搜索和数据分析与挖掘服务。

中国经济发展数据库（下设 12 个子库）

基于"皮书系列"中涉及中国经济发展的研究资料构建，内容涵盖宏观经济、农业经济、工业经济、产业经济等 12 个重点经济领域，为实时掌控经济运行态势、把握经济发展规律、洞察经济形势、进行经济决策提供参考和依据。

中国行业发展数据库（下设 17 个子库）

以中国国民经济行业分类为依据，覆盖金融业、旅游、医疗卫生、交通运输、能源矿产等 100 多个行业，跟踪分析国民经济相关行业市场运行状况和政策导向，汇集行业发展前沿资讯，为投资、从业及各种经济决策提供理论基础和实践指导。

中国区域发展数据库（下设 6 个子库）

对中国特定区域内的经济、社会、文化等领域现状与发展情况进行深度分析和预测，研究层级至县及县以下行政区，涉及地区、区域经济体、城市、农村等不同维度。为地方经济社会宏观态势研究、发展经验研究、案例分析提供数据服务。

中国文化传媒数据库（下设 18 个子库）

汇聚文化传媒领域专家观点、热点资讯，梳理国内外中国文化发展相关学术研究成果、一手统计数据，涵盖文化产业、新闻传播、电影娱乐、文学艺术、群众文化等 18 个重点研究领域。为文化传媒研究提供相关数据、研究报告和综合分析服务。

世界经济与国际关系数据库（下设 6 个子库）

立足"皮书系列"世界经济、国际关系相关学术资源，整合世界经济、国际政治、世界文化与科技、全球性问题、国际组织与国际法、区域研究 6 大领域研究成果，为世界经济与国际关系研究提供全方位数据分析，为决策和形势研判提供参考。

法律声明

  "皮书系列"（含蓝皮书、绿皮书、黄皮书）之品牌由社会科学文献出版社最早使用并持续至今，现已被中国图书市场所熟知。"皮书系列"的相关商标已在中华人民共和国国家工商行政管理总局商标局注册，如 LOGO（🖏）、皮书、Pishu、经济蓝皮书、社会蓝皮书等。"皮书系列"图书的注册商标专用权及封面设计、版式设计的著作权均为社会科学文献出版社所有。未经社会科学文献出版社书面授权许可，任何使用与"皮书系列"图书注册商标、封面设计、版式设计相同或者近似的文字、图形或其组合的行为均系侵权行为。

  经作者授权，本书的专有出版权及信息网络传播权等为社会科学文献出版社享有。未经社会科学文献出版社书面授权许可，任何就本书内容的复制、发行或以数字形式进行网络传播的行为均系侵权行为。

  社会科学文献出版社将通过法律途径追究上述侵权行为的法律责任，维护自身合法权益。

  欢迎社会各界人士对侵犯社会科学文献出版社上述权利的侵权行为进行举报。电话：010-59367121，电子邮箱：fawubu@ssap.cn。

社会科学文献出版社